मिलन यामिनी

AF366780

मिलन यामिनी

मिलन यामिनी

हरिवंशराय 'बच्चन'

राजपाल

ISBN : 9788170288091

संस्करण : 2016 © हरिवंशराय 'बच्चन'

MILAN YAAMINI (Poetry)

by Harivanshrai 'Bachchan'

राजपाल एण्ड सन्ज़

1590, मदरसा रोड, कश्मीरी गेट-दिल्ली-110006

फोन: 011-23869812, 23865483, फैक्स: 011-23867791

e-mail : sales@rajpalpublishing.com

www.rajpalpublishing.com

www.facebook.com/rajpalandsons

तेजी को

जिसके तन की विमल कल्पना
    ‘अजित’ ‘अमित’ की बन किलकार
        पुलक उठी मेरे आँगन में।

जिसके मन की विकल भावना
    मथ मेरे मन का संसार
        मुखर हुई मेरे गायन में।

जिसकी वाणी की वर वीणा
    अमर क्षणों की बन झनकार
        गूँज रही मेरे जीवन में!

बच्चन

आमुख

[पहले संस्करण से]

'मिलन यामिनी' की कविताएँ सन् 1945 से पत्र-पत्रिकाओं में निकल रही थीं। इन्हें अब संग्रह रूप में उपस्थित कर रहा हूँ। कई कारणों से इसे प्रकाशित कराने में आवश्यकता से अधिक विलंब हो गया। इसे देखने के लिए उत्सुक मित्र प्राय: यह भोंडा प्रश्न भी पूछने से नहीं हिचके कि, 'आपकी मिलन यामिनी कब समाप्त होगी?' उन्हें लम्बी प्रतीक्षा कराने के लिए क्षमा-प्रार्थी हूँ। इसे देखकर शायद वे कह सकेंगे—देर आयद दुरुस्त आयद।

'मिलन यामिनी' में 99 कविताएँ हैं। इन्हें मैंने 33-33 के तीन भागों में विभक्त कर दिया है। पहले और तीसरे भाग में मैंने एक खास तरह के साँचे में ढली कविताएँ रक्खी हैं। दूसरे भाग में कोई ऐसा प्रतिबंध स्वीकार नहीं किया गया। आशा है कविताओं का प्रस्तुत विभाजन और क्रम आरम्भ से अंत तक पढ़नेवालों को, कहीं-कहीं कुछ उतार-चढ़ाव के बावजूद, उत्तरोत्तर भावनाओं के उस शिखर की ओर ले जायेगा जो 'मिलन यामिनी' लिखते समय बराबर मेरी दृष्टि में रहा है। यों अपने आप में प्रत्येक कविता स्वतंत्र भी है।

अपने प्रिय मित्र श्री महाराजकृष्ण राजन के निमंत्रण पर मैं यहाँ वायु-परिवर्तन के लिए आया था और विचार था यहाँ पूर्ण विश्राम करूँगा।

परन्तु इस मनोरम स्थान में, जहाँ एक ओर तो हिमाच्छादित धवलीधार पर्वतमाला खड़ी है और दूसरी ओर अनेक पहाड़ों, नालों और झरनों से निनादित और अभिसिंचित काँगड़ा की उर्वरा घाटी फैली है। जिसकी दक्षिणी सीमा पर व्यास नदी दूर दूध की रेखा के समान दिखाई देती है, मैं अपनी वाणी पर नियंत्रण न रख सका। यहीं 'मिलन यामिनी' पूर्ण हुई और यहीं मैंने उसके गीतों का क्रम आदि स्थापित किया एवं प्रेस कापी भी तैयार की।

श्री महाराजकृष्ण और उनके मित्रों ने मेरे यहाँ ठहरने और काम करने की

जो सुव्यवस्थाएँ कीं और सुविधाएँ दी हैं, उन सबके लिए मैं उनका आभार मानता हूँ, और उन्हें विश्वास दिलाना चाहता हूँ कि उनका स्नेह, सौहार्द और उनके रम्य प्रदेश की स्मृतियाँ सदा के लिए 'मिलन यामिनी' के साथ संबद्ध हो गई हैं।

'मिलन यामिनी' के प्रति मेरे कतिपय प्रेमियों के उद्गार मुझे प्राय: संकोच में डालते रहते हैं। अपने लक्ष्य का ध्यान करता हूँ तो मुझे 'मिलन यामिनी' से उतना ही असंतोष होता है जितना अपनी प्रारंभिक रचनाओं से।

माउंट प्लेज़ेंट
धर्मशाला-काँगड़ा
9.4.1949

पूर्व भाग

1

चाँदनी फैली गगन में, चाह मन में।

दिवस में सबके लिए बस एक जग है,
रात में हर एक की दुनिया अलग है,
कल्पना करने लगी अब राह मन में;
चाँदनी फैली गगन में, चाह मन में।

भूमि का उर तप्त करता चंद्र शीतल,
व्योम की छाती जुड़ाती रश्मि कोमल,
किन्तु भरतीं भावनाएँ दाह मन में;
चाँदनी फैली गगन में, चाह मन में।

कुछ अँधेरा, कुछ उजाला, क्या समा है !
कुछ करो, इस चाँदनी में सब क्षमा है;
किन्तु बैठा मैं सँजोए आह मन में;
चाँदनी फैली गगन में, चाह मन में।

चाँद निखरा, चंद्रिका निखरी हुई है,
भूमि से आकाश तक बिखरी हुई है,
काश मैं भी यों बिखर सकता भुवन में;
चाँदनी फैली गगन में, चाह मन में।

2

प्यार की असमर्थता कितनी करुण है।

चाँदनी कितनी दूर है, वह जानता है,
और अपनी हद्द भी पहचानता है,
        हाथ इस पर भी उठाता ही वरुण है;
        प्यार की असमर्थता कितनी करुण है।

सृष्टि के पहले दिवस से यत्न जारी,
दूर उतनी ही निशा की श्याम सारी,
        किन्तु पीछा ही किए जाता अरुण है;
        प्यार की असमर्थता कितनी करुण है।

कट गए शत कल्प अपलक नेत्र खोले,
कौन आया ? सुन इसे नक्षत्र बोले,
        भावना तो सर्वदा रहती तरुण है;
        प्यार की असमर्थता कितनी करुण है।

जो असंभव है उसीपर आँख मेरी,
चाहती होना अमर मृत राख मेरी,
        प्यास की साँसें बचीं, बस यह शकुन है;
        प्यार की असमर्थता कितनी करुण है।

मिलन यामिनी

3

मैं कहाँ पर, रागिनी मेरी कहाँ पर।

है मुझे संसार बाँधे, काल बाँधे,
है मुझे ज़ंजीर औ' जंजाल बाँधे,
　　किन्तु मेरी कल्पना के मुक्त पर स्वर;
　　मैं कहाँ पर, रागिनी मेरी कहाँ पर।

धूलि के कण शीश पर मेरे चढ़े हैं,
अंक ही कुछ भाल के ऐसे गढ़े हैं,
　　किन्तु मेरी भावना से बद्ध अंबर;
　　मैं कहाँ पर, रागिनी मेरी कहाँ पर।

मैं कुसुम को प्यार कर सकता नहीं हूँ,
मैं कली पर हाथ धर सकता नहीं हूँ,
　　किन्तु मेरी वासना तृण-तृण निछावर;
　　मैं कहाँ पर, रागिनी मेरी कहाँ पर।

मूक हूँ, जब साध है सागर उँडेलूँ,
मूर्ति-जड़ जब मन लहर के साथ खेलूँ,
　　किन्तु मेरी रागिनी निर्बंध निझर;
　　मैं कहाँ पर, रागिनी मेरी कहाँ पर।

4

प्राण, मेरा गीत दीपक-सा जला है।

पाँव के नीचे पड़ी जो धूलि बिखरी
मूर्ति बनकर ज्योति की किस भाँति निखरी,
आँसुओं में रात-दिन अंतर गला है;
प्राण, मेरा गीत दीपक-सा जला है।

यह जगत की ठोकरें खाकर न टूटा,
यह समय की आँचल से निकला अनूठा,
यह हृदय के स्नेह साँचे में ढला है;
प्राण, मेरा गीत दीपक-सा जला है।

आह मेरी थी कि अंबर कँप रहा था,
अश्रु मेरे थे कि तारा झँप रहा था,
यह प्रलय के मेघ-मारुत में पला है;
प्राण, मेरा गीत दीपक-सा जला है।

जो कभी उंचास झोंकों से लड़ा था,
जो कभी तम को चुनौती दे खड़ा था,
वह तुम्हारी आरती करने चला है;
प्राण, मेरा गीत दीपक-सा जला है।

मिलन यामिनी

5

आज आँखों में प्रतीक्षा फिर भरो तो।

देखना किस ओर झुकता है ज़माना,
गूँजता संसार में किसका तराना,
    प्राण, मेरी ओर पल भर तुम ढरो तो;
    आज आँखों में प्रतीक्षा फिर भरो तो।

मैं बताऊँ, शक्ति है कितनी पगों में ?
मैं बताऊँ, नाप क्या सकता डगों में ?—
    पंथ में कुछ ध्येय मेरे तुम धरो तो;
    आज आँखों में प्रतीक्षा फिर भरो तो।

चीर वन–घन, भेद मरु जलहीन आऊँ,
सात सागर सामने हों, तैर जाऊँ,
    तुम तनिक संकेत नयनों से करो तो;
    आज आँखों में प्रतीक्षा फिर भरो तो।

राह अपनी मैं स्वयं पहचान लूँगा,
लालिमा उठती किधर से जान लूँगा,
    कालिमा मेरे दृगों की तुम हरो तो;
    आज आँखों में प्रतीक्षा फिर भरो तो।

6

आज फिर से तुम बुझा दीपक जलाओ।

है कहाँ वह आग जो मुझको जलाये,
है कहाँ वह ज्वाल मेरे पास आये,
    रागिनी, तुम आज दीपक राग गाओ;
    आज फिर से तुम बुझा दीपक जलाओ।

तुम नई आभा नहीं मुझमें भरोगी,
नव विभा में स्नान तुम भी तो करोगी,
    आज तुम मुझको जगाकर जगमगाओ;
    आज फिर से तुम बुझा दीपक जलाओ।

मैं तमोमय, ज्योति की, पर, प्यास मुझको,
है प्रणय की शक्ति पर विश्वास मुझको,
    स्नेह की दो बूँद भी तो तुम गिराओ;
    आज फिर से तुम बुझा दीपक जलाओ।

कल तिमिर को भेद मैं आगे बढ़ूंगा,
कल प्रलय की आँधियों से मैं लड़ूंगा,
    किन्तु मुझको आज आँचल से बचाओ;
    आज फिर से तुम बुझा दीपक जलाओ।

मिलन यामिनी

7

आज मन-वीणा, प्रिये, फिर से कसो तो।

मैं नहीं पिछली अभी झंकार भूला,
मैं नहीं पहले दिनों का प्यार भूला,
    गोद में ले, मोद से मुझको लसो तो;
    आज मन-वीणा, प्रिये, फिर से कसो तो।

हाथ धर दो, मैं नया वरदान पाऊँ,
फूँक दो, बिछुड़े हुए मैं प्राण पाऊँ,
    स्वर्ग का उल्लास, पल भर तुम हँसो तो;
    आज मन-वीणा, प्रिय, फिर से कसो तो।

मौन के भी कंठ में मैं स्वर भरूँगा,
एक दुनिया ही नई मुखरित करूँगा,
    तुम अकेली आज अंतर में बसो तो;
    आज मन-वीणा, प्रिये, फिर से कसो तो।

रात भागेगी, सुनहरा प्रात होगा,
जग उषा-मुसकान-मधु से स्नात होगा,
    तेज़ शर बन तुम तिमिर घन में धँसो तो;
    आज मन-वीणा, प्रिये, फिर से कसो तो।

8

स्नेह दो तो आज लौ फिर सिर उठाए।

देश-दुनिया ने मुझे बल से दबाया,
भाग्य भी लेकर तिमिर का भार आया,
अग्नि का कण मैं रहा फिर भी बचाए;
स्नेह दो तो आज लौ फिर सिर उठाए।

प्रेम के पथ पर किरण मैंने बिछाई,
किन्तु मेरी चाल जगती को न भायी,
पर कहाँ था हाथ जो मुझको बुझाए;
स्नेह दो तो आज लौ फिर सिर उठाए।

कांति भी खोई, धुएँ से भी घिरा मैं,
ज्योति के पथ से नहीं पीछे फिरा मैं,
शत्रु भी मेरे रहे मुझको बढ़ाए;
स्नेह दो तो आज लौ फिर सिर उठाए।

प्राण का यह दीप जलने के लिए है,
प्यार से अंतर पिघलने के लिए है;
आज हम दोनों नियम अपने निभाएँ;
स्नेह दो तो आज लौ फिर सिर उठाए।

मिलन यामिनी

9

आज तुम गत को भविष्यत में बदल दो।

एक युग मैंने गई की ओर देखा,
पर बदल पाया न उसकी एक रेखा,
    रँग सकूँ नव चित्र जिस पर वह पटल दो;
    आज तुम गत को भविष्यत में बदल दो।

अश्रु-जल से सींचता सुधियाँ रहा मैं,
एक पत्ता भी न पाया लहलहा मैं,
    जो खिलें मुसकान से, सपने नवल दो;
    आज तुम गत को भविष्यत में बदल दो।

भूत की यह रात भयवाली, अकेली,
किन्तु भावी को बना लाऊँ सहेली,
    एक आशा की किरण का, प्राण, बल दो;
    आज तुम गत को भविष्यत में बदल दो।

हो चुका प्रस्थान का सामान सारा,
जा सका पर कब जिसे तुमने पुकारा,
    तुम विदा को आज स्वागत में बदल दो;
    आज तुम गत को भविष्यत में बदल दो।

10

आज तुम उच्छ्वास को उल्लास कर दो।

मैं अतीत अजीत से जकड़ा हुआ हूँ,
भीति-चिंता-चक्र में पकड़ा हुआ हूँ,
        शृंखला को, प्राण, तुम भुजपाश कर दो;
        आज तुम उच्छ्वास को उल्लास कर दो।

गीत गाओ, कोकिला शरमा रही है,
साँस में मधु-मंत्र शक्ति समा रही है,
        आज तुम पतझार को मधुमास कर दो;
        आज तुम उच्छ्वास को उल्लास कर दो।

पास आओ, चंद्रमा के होंठ चूमूँ
कुंतलों के बादलों के साथ घूमूँ
        आज तुम पाताल को आकाश कर दो;
        आज तुम उच्छ्वास को उल्लास कर दो।

स्वप्न झूठे ही नहीं होते निरन्तर,
कल्पना आती कभी साकार बनकर,
        आज शंका को पुन: विश्वास कर दो;
        आज तुम उच्छ्वास को उल्लास कर दो।

मिलन यामिनी

11

प्राण, जीवन का नया अध्याय खोलो।

बीच ही में रुक गई मेरी कहानी,
पाँव बैठी काटकर उठती जवानी,
    भाग्य डोलेगा अगर तुम आज डोलो;
    प्राण, जीवन का नया अध्याय खोलो।

हाय, मेरे राग चुप हो सो गए हैं,
हाय, मेरे गीत गूँगे हो गए हैं,
    वे उठें फिर बोल यदि तुम आज बोलो;
    प्राण, जीवन का नया अध्याय खोलो।

मुसकरा दो कोटि किरणें छूट छहरें,
अश्रु की दो बूँद, मरु में सिन्धु लहरें,
    बिंदु से तुम सिंधु की निधि आज तोलो;
    प्राण, जीवन का नया अध्याय खोलो।

प्रेरणाओं की सरस अधिकारिणी तुम,
आज मेरे प्राण को कर दो ऋणी तुम,
    स्नेह से अपने मुझे, सुभगे, भिगो लो;
    प्राण, जीवन का नया अध्याय खोलो।

12

बाँध दो बिखरे सुरों को गान में तुम।

गीत ठुकराया हुआ, उच्छ्वास-क्रंदन,
मधु मलय होता उपेक्षित हो प्रभंजन,
बाँध दो तूफ़ान को मुसकान में तुम;
बाँध दो बिखरे सुरों को गान में तुम।

कल्पनाएँ आज पगलाई हुई हैं,
भावनाएँ आज भरमाई हुई हैं,
बाँध दो उनको करुण आह्वान में तुम;
बाँध दो बिखरे सुरों को गान में तुम।

व्यर्थ कोई भाग जीवन का नहीं है,
व्यर्थ कोई राग जीवन का नहीं है,
बाँध दो सबको सुरीली तान में तुम;
बाँध दो बिखरे सुरों को गान में तुम।

मैं कलह को प्रीति सिखलाने चला था,
प्रीति ने मेरे हृदय को ही छला था,
बाँध दो आशा पुनः मन-प्राण में तुम;
बाँध दो बिखरे सुरों को गान में तुम।

मिलन यामिनी

13

आज, मन-भावन, करो पावन वचन-मन।

हृदय मंदिर का खुला है द्वार आओ,
प्राण आओ, प्राण के आधार आओ,
  आज मानो मूक नयनों का निमंत्रण;
  आज, मन-भावन, करो पावन वचन-मन।

साँस में कुछ घंटियाँ सी बज रही हैं,
मोतियों का अर्घ्य आँखें सज रही हैं,
  है प्रतीक्षा में तुम्हारी ही प्रतिक्षण;
  आज, मन-भावन, करो पावन वचन-मन।

बन अकिंचन पाँवड़े पलकें बिछाए,
कान अपना ध्यान आहट पर लगाए,
  पुलकमय हर अंग होने को समर्पण;
  आज, मन-भावन, करो पावन वचन-मन।

शब्द रत्नागार में हैं भाव खोए,
कौन-सी वह बोलती संपत्ति सँजोए,
  कर सके जो व्यक्त स्वागत, स्नेह, वंदन;
  आज, मन-भावन, करो पावन वचन-मन।

14

प्राण की यह बीन बजना चाहती है।

चाहतीं किरणें धरा पर फैल जाना,
चाहतीं कलियाँ चटककर महमहाना,
फूल से हर डाल सजना चाहती है;
प्राण की यह बीन बजना चाहती है।

चाहतीं चिड़ियाँ वसंती गीत गाना,
पत्तियाँ संदेश मधुऋतु का सुनाना,
वायु ऋतुपति नाम भजना चाहती है;
प्राण की यह बीन बजना चाहती है।

इस तरह मिलना हुआ संभव कहीं है,
शील मुझसे छूटनेवाला नहीं है,
तू नहीं संकोच तजना चाहती है;
प्राण की यह बीन बजना चाहती है।

कब भला संसार से डरता रहा मैं,
मौज में आया वही करता रहा मैं,
बावरी, किसको बरजना चाहती है;
प्राण की यह बीन बजना चाहती है।

मिलन यामिनी

आज आओ चाँदनी में स्नान कर लो।

तापमय दिन में सदा जगती रही है,
रात भी जिसके लिए तपती रही है,
    प्राण, उसकी पीर का अनुमान कर लो;
    आज आओ चाँदनी में स्नान कर लो।

चाँद से उन्माद टूटा पड़ रहा है,
लो, खुशी का गीत फूटा पड़ रहा है,
    प्राण, तुम भी एक सुख की तान भर लो;
    आज आओ चाँदनी में स्नान कर लो।

धार अमृत की गगन से आ रही है,
प्यार की छाती उमड़ती जा रही है,
    आज, लो, मादक सुधा का पान कर लो;
    आज आओ चाँदनी में स्नान कर लो।

अब तुम्हें डर-लाज किससे लग रही है,
आँखें केवल प्यार की अब जग रही है,
    मैं मनाना जानता हूँ, मान कर लो;
    आज आओ चाँदनी में स्नान कर लो।

आज कितनी वासनामय यामिनी है !

दिन गया तो ले गया बातें पुरानी,
याद मुझको अब नहीं रातें पुरानी,
        आज ही पहली निशा मनभावनी है;
        आज कितनी वासनामय यामिनी है !

घूँट मधु का है, नहीं झोंका पवन का,
कुछ नहीं मन को पता है आज तन का,
        रात मेरे स्वप्न की अनुगामिनी है;
        आज कितनी वासनामय यामिनी है !

यह कली का हास आता है किधर से,
यह कुसुम का श्वास जाता है किधर से,
        हर लता-तरु में प्रणय की रागिनी है;
        आज कितनी वासनामय यामिनी है !

दुग्ध-उज्ज्वल मोतियों से युक्त चादर,
जो बिछी नभ के पलँग पर आज उसपर
        चाँद से लिपटी लजाती चाँदनी है;
        आज कितनी वासनामय यामिनी है !

17

हास में तेरे नहाई यह जुन्हाई।

आ उजेली रात कितनी बार भागी,
सो उजेली रात कितनी बार जागी,
पर छटा उसकी कभी ऐसी न छाई;
हास में तेरे नहाई यह जुन्हाई।

चाँदनी तेरे बिना जलती रही है,
वह सदा संसार को छलती रही है,
आज ही अपनी तपन उसने मिटाई;
हास में तेरे नहाई यह जुन्हाई।

आज तेरे हास में मैं भी नहाया,
आज अपना ताप मैंने भी मिटाया,
मुसकराया मैं, प्रकृति जब मुसकराई;
हास में तेरे नहाई यह जुन्हाई।

जो अँधेरे पाख, क्या मुझको डराता,
अब प्रणय की ज्योति के मैं गीत गाता,
प्राण में मेरे समाई यह जुन्हाई;
हास में तेरे नहाई यह जुन्हाई।

18

है रुपहली रात, हैं सपने सुनहले।

शीतमय यह चाँदनी उसके लिए है,
प्रीतिमय यह यामिनी उसके लिए है,
जो दिवस की धूप सह ले, धूलि सह ले;
है रुपहली रात, हैं सपने सुनहले।

मैं जलन का भाग अपना भोग आया,
तब मिलन का यह मधुर संयोग आया,
दे चुका हूँ इन पलों का मोल पहले;
है रुपहली रात, हैं सपने सुनहले।

गोद में तुम हो, गगन में चाँदनी है,
काल को यह भी निशा तो नापनी है,
मधु-सुधा की धार में दो याम बह लें;
है रुपहली रात, हैं सपने सुनहले।

कह रहा है यह कि मैं आदर्श भूला,
कह रहा वह विश्व का संघर्ष भूला,
आज चाहे जो मुझे संसार कह ले;
है रुपहली रात, हैं सपने सुनहले।

मिलन यामिनी

19

आज, संगिनि, प्रीति के तुम गीत गाओ।

सिसकियाँ बीता समय लेता रहेगा,
धमकियाँ संसार तो देता रहेगा,
आज तुम रसवाद में रसना डुबाओ;
आज, संगिनी, प्रीति के तुम गीत गाओ।

शोर दुनिया में हुआ है बंद किस दिन,
हो सका इंसान है निर्द्वंद्व किस दिन, 
तुम हृदय की बात कानों को सुनाओ;
आज, संगिनि, प्रीति के तुम गीत गाओ।

गान पृथ्वी का ध्वनित नभ ने किया है,
पर ध्वनित किस दिन हुआ मेरा हिया है,
आज तन्मय तान मन की तुम उठाओ;
आज, संगिनी, प्रीति के तुम गीत गाओ।

सर-सरित उमड़े, गगन से मेघ बरसे,
सब जगह पर तप्त मेरे प्राण तरसे,
अब नयन जलधार निर्मल तुम बहाओ;
आज, संगिनी, प्रीति के तुम गीत गाओ।

20

आज आ गाएँ, जगाएँ रात सोती।

मौन है आकाश, धरती मौन सारी,
नींद की छाई हुई सब पर खुमारी,
रात चुप है कुछ विगत सुधियाँ सँजोती;
आज आ गाएँ, जगाएँ रात सोती।

दिन हुआ सबने अलग निज राग छेड़ा,
कलह-कोलाहल मचा, झगड़ा-बखेड़ा,
गीत बनता साँस दो जब एक होती;
आज आ गाएँ, जगाएँ रात सोती।

रात खुश होगी हमें पा गीत गाते,
देख वह मुझको चुकी आहें उठाते,
देख वह तुझको चुकी आँसू पिरोती;
आज आ गाएँ, जगाएँ रात सोती।

डूबना है व्यर्थ पिछले आँसुओं में,
डूबना है व्यर्थ छिछले आँसुओं में,
रात के आँसू बनेंगे प्रात मोती;
आज आ गाएँ, जगाएँ रात सोती।

मिलन यामिनी

21

प्राण, केवल प्यार तुमको दे सकूंगा।

कोकिला अपनी व्यथा जिससे जताए,
सुन पपीहा पीर अपनी भूल जाए,
  वह करुण उद्गार तुमको दे सकूँगा;
  प्राण, केवल प्यार तुमको दे सकूँगा।

प्राप्त मणि-कंचन नहीं मैंने किया है,
ध्यान तुमने कब वहाँ जाने दिया है,
  आँसुओं का हार तुमको दे सकूँगा;
  प्राण, केवल प्यार तुमको दे सकूँगा। 

सत्य ने छूने भला मुझको दिया कब,
किन्तु उसने तुष्ट ही किसको किया कब,
  स्वप्न का संसार तुमको दे सकूँगा;
  प्राण, केवल प्यार तुमको दे सकूँगा।

फूल ने खिल मौन माली को दिया जो,
वीणा ने स्वरकार को अर्पित किया जो,
  मैं वही उपहार तुमको दे सकूँगा;
  प्राण, केवल प्यार तुमको दे सकूँगा।

22

स्वप्न में तुम हो, तुम्हीं हो जागरण में।

कब उजाले में मुझे कुछ और भाया,
कब अँधेरे ने तुम्हें मुझसे छिपाया,
तुम निशा में औ' तुम्हीं प्रात: किरण में;
स्वप्न में तुम हो, तुम्हीं हो जागरण में।

जो कही मैंने तुम्हारी थी कहानी,
जो सुनी उसमें तुम्हीं तो थीं बखानी,
बात में तुम औ' तुम्हीं वातावरण में;
स्वप्न में तुम हो, तुम्हीं हो जागरण में।

ध्यान है केवल तुम्हारी ओर जाता,
ध्येय में मेरे नहीं कुछ और आता,
चित्त में तुम हो, तुम्हीं हो चिंतवन में;
स्वप्न में तुम हो, तुम्हीं हो जागरण में।

रूप बनकर घूमता जो वह तुम्हीं हो,
राग बनकर गूँजता जो वह तुम्हीं हो,
तुम नयन में औ' तुम्हीं अंत:करण में;
स्वप्न में तुम हो, तुम्हीं हो जागरण में।

मिलन यामिनी

23

प्राण, कह दो, आज तुम मेरे लिए हो।

मैं जगत के ताप से डरता नहीं अब,
मैं समय के शाप से डरता नहीं अब,
    आज कुंतल छाँह मुझपर तुम किए हो;
    प्राण, कह दो, आज तुम मेरे लिए हो।

रात मेरी, रात का श्रृंगार मेरा,
आज आधे विश्व से अभिसार मेरा,
    तुम मुझे अधिकार अधरों पर दिए हो;
    प्राण, कह दो, आज तुम मेरे लिए हो। 

वह सुरा के रूप से मोहे भला क्या,
वह सुधा के स्वाद से जाए छला क्या,
    जो तुम्हारे होंठ का मधु-विष पिए हो;
    प्राण, कह दो, आज तुम मेरे लिए हो।

मृत-सजीवन था तुम्हारा तो परस ही,
पा गया मैं बाहु का बंधन सरस भी,
    मैं अमर अब, मत कहो केवल जिए हो;
    प्राण, कह दो, आज तुम मेरे लिए हो।

24

प्रात-मुकुलित फूल-सा है प्यार मेरा।

ठीक है मैंने कभी देखा अँधेरा,
किन्तु अब तो हो गया फिर से सबेरा,
    भाग्य-किरणों ने छुआ संसार मेरा;
    प्रात-मुकुलित फूल-सा है प्यार मेरा।

तप्त आँसू से कभी मुख म्लान होता,
किन्तु अब तो शीत जल में स्नान होता,
    राग-रस-कण से धुला संसार मेरा;
    प्रात-मुकुलित फूल-सा है प्यार मेरा।

आह से मेरी कभी थे पत्र झुलसे,
किन्तु मेरी साँस पाकर आज हुलसे,
    स्नेह-सौरभ से बसा संसार मेरा;
    प्रात-मुकुलित फूल-सा है प्यार मेरा।

एक दिन मुझमें हुई थी मूर्त जड़ता,
किन्तु बरबस आज मैं झरता, बिखरता,
    है निछावर प्रेम पर संसार मेरा;
    प्रात-मुकुलित फूल-सा है प्यार मेरा।

मिलन यामिनी

25

प्यार के पल में जलन भी तो मधुर है ।

जानता हूँ दूर है नगरी प्रिया की,
पर परीक्षा एक दिन होनी हिया की,
        प्यार के पथ की थकन भी तो मधुर है;
        प्यार के पल में जलन भी तो मधुर है ।

आग ने मानी न बाधा शैल-वन की,
गल रही भुजपाश में दीवार तन की,
        प्यार के दर पर दहन भी तो मधुर है; 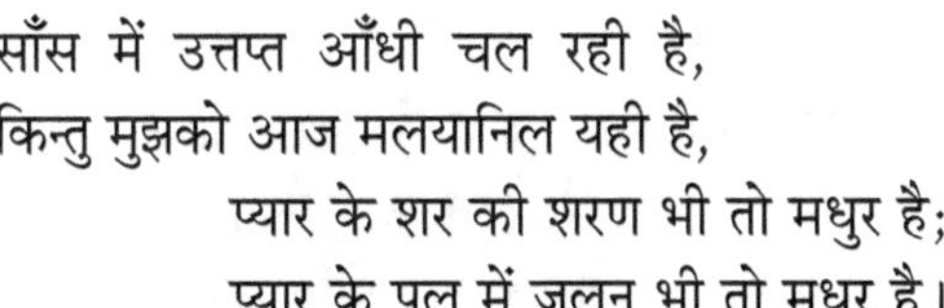
        प्यार के पल में जलन भी तो मधुर है ।

साँस में उत्तप्त आँधी चल रही है,
किन्तु मुझको आज मलयानिल यही है,
        प्यार के शर की शरण भी तो मधुर है;
        प्यार के पल में जलन भी तो मधुर है ।

तृप्ति क्या होगी अधर के रस कणों से,
खींच लो तुम प्राण ही इन चुंबनों से,
        प्यार के क्षण में मरण भी तो मधुर है;
        प्यार के पल में जलन भी तो मधुर है ।

26

इस पुरातन प्रीति को नूतन कहो मत।

की कमल ने सूर्य-किरणों की प्रतीक्षा,
ली कुमुद की चाँद ने रातों परीक्षा,
इस लगन को, प्राण, पागलपन कहो मत;
इस पुरातन प्रीति को नूतन कहो मत।

मेह तो प्रत्येक पावस में बरसता,
पर पपीहा आ रहा युग-युग तरसता,
प्यार का है, प्यास का क्रंदन कहो मत;
इस पुरातन प्रीति को नूतन कहो मत।

कूक कोयल पूछती किसका पता है,
वह बहारों की सदा से परिचिता है,
इस रटन को मौसमी गायन कहो मत;
इस पुरातन प्रीति को नूतन कहो मत।

विश्व की दो कामनाएँ थीं विचरतीं,
एक थी बस दूसरे की खोज करती,
इस मिलन को सिर्फ भुजबंधन कहो मत;
इस पुरातन प्रीति को नूतन कहो मत।

मिलन यामिनी

27

आज रिमझिम मेघ, रिमझिम हैं नयन भी।

पास मेरे तुम, तुम्हारे पास मस्ती,
बादलों की गोद में बिजली विहँसती,
    मैं भरा-उँमड़ा, भरा-उँमड़ा गगन भी;
    आज रिमझिम मेघ, रिमझिम हैं नयन भी।

कौन कोना है गगन का आज सूना,
कौन कोना प्राण-मन का आज सूना,
    पर बरसता मैं, बरसता है गगन भी;
    आज रिमझिम मेघ, रिमझिम हैं नयन भी।

अश्रु दुख के जबकि अपना हाथ भीगे,
अश्रु सुख के जबकि कोई साथ भीगे,
    भीगतीं तुम, भीगती जाती अवनि भी;
    आज रिमझिम मेघ, रिमझिम हैं नयन भी।

प्यार का यह भार लेना भी मधुर है,
प्यार का यह भार देना भी मधुर है,
    ले रही है भार अंबर का अवनि भी;
    आज रिमझिम मेघ, रिमझिम हैं नयन भी।

28

मैं प्रतिध्वनि सुन चुका, ध्वनि खोजता हूँ।

मौन मुखरित हो गया, जय हो प्रणय की,
पर नहीं परितृप्त है तृष्णा हृदय की,
पा चुका स्वर, आज गायन खोजता हूँ;
मैं प्रतिध्वनि सुन चुका, ध्वनि खोजता हूँ।

तुम समर्पण बन भुजाओं में पड़ी हो,
उम्र इन उद्भ्रांत घड़ियों की बड़ी हो,
पा गया तन, आज मैं मन खोजता हूँ;
मैं प्रतिध्वनि सुन चुका, ध्वनि खोजता हूँ।

है अधर में रस मुझे मदहोश कर दो,
किन्तु मेरे प्राण में संतोष भर दो,
मधु मिला है, मैं अमृत कण खोजता हूँ;
मैं प्रतिध्वनि सुन चुका, ध्वनि खोजता हूँ।

जी उठा मैं, और जीना प्रिय बड़ा है,
सामने, पर, ढेर मुरदों का पड़ा है,
पा गया जीवन, सजीवन खोजता हूँ;
मैं प्रतिध्वनि सुन चुका, ध्वनि खोजता हूँ।

मिलन यामिनी

29

प्यार की तो भूल भी अनुकूल मेरे।

फूल मिलते रोक ही रखते रिझाते,
शूल हैं प्रतिपल मुझे आगे बढ़ाते,
    इस डगर के शूल भी अनुकूल मेरे;
    प्यार की तो भूल भी अनुकूल मेरे।

खोजते मकरंद जा पहुँचा मरुस्थल,
किन्तु मेरी आँख का सुख-सार परिमल,
    बन चुकी थी रास्ते की धूल मेरे;
    प्यार की तो भूल भी अनुकूल मेरे।

ज़िंदगी भर, मानता, काँटे बटोरे,
क्या नहीं स्वागत मुहब्बत के निहोरे,
    पंखुरी से होड़ लेते शूल मेरे;
    प्यार की तो भूल भी अनुकूल मेरे,

जग मुझे टेढ़ी नज़र से देखता है,
और, लो, पाषाण मुझ पर फेंकता है,
    जो उसे पत्थर वही तो फूल मेरे;
    प्यार की तो भूल भी अनुकूल मेरे।

30

जानता हूँ प्यार, उसकी पीर को भी।

बाँह तुमने डाल दी ज्यों फूल माला,
संग में, पर, नाग का भी पाश डाला,
जानता गलहार हूँ, ज़ंजीर को भी;
जानता हूँ प्यार, उसकी पीर को भी।

है अधर से कुछ नहीं कोमल कहीं पर,
किन्तु इनकी कोर से घायल जगत भर,
जानता हूँ पंखुरी, शमशीर को भी;
जानता हूँ प्यार, उसकी पीर को भी।

कौन आया है सुरा का स्वाद लेने,
जोकि आया है हृदय का रक्त देने,
जानता मधुरस, गरल के तीर को भी;
जानता हूँ प्यार, उसकी पीर को भी।

तीर पर जो उठ लहर मोती उगलती,
बीच में वह फाड़कर जबड़े निगलती,
जानता हूँ तट, उदधि गंभीर को भी;
जानता हूँ प्यार, उसकी पीर को भी।

मिलन यामिनी

शूल तो जैसे विरह वैसे मिलन में।

थी मुझे घेरे बनी जो कल निराशा,
आज आशंका बनी, कैसा तमाशा,
एक से हैं एक बढ़कर, पर, चुभन में;
शूल तो जैसे विरह वैसे मिलन में।

देखकर नीरस गगन रोया पपीहा,
मेह में भी तो कहीं खोया पपीहा,
फ़र्क पानी से नहीं पड़ता लगन में;
शूल तो जैसे विरह वैसे मिलन में।

आम पर तो मंजरी पर मंजरी है,
दर्द से आवाज़ कोयल की भरी है,
कब समाए स्वप्न मधुऋतु के सेहन में;
शूल तो जैसे विरह वैसे मिलन में।

फूल को ले चोंच में बुलबुल बिलखती,
एक अचरज से उसे दुनिया निरखती,
वह बदल पाई नहीं अब तक सुमन में;
शूल तो जैसे विरह वैसे मिलन में।

32

प्यार से, प्रिय, जी नहीं भरता किसी का।

प्यास होती तो सलिल में डूब जाती,
वासना मिटती न तो मुझको मिटाती,
        पर नहीं अनुराग है मरता किसी का;
        प्यार से, प्रिय, जी नहीं भरता किसी का।

तुम मिलीं तो प्यार की कुछ पीर जानी,
और ही मशहूर दुनिया में कहानी,
        दर्द कोई भी नहीं हरता किसी का;
        प्यार से, प्रिय, जी नहीं भरता किसी का।

पाँव बढ़ते, लक्ष्य उनके साथ बढ़ता,
और पल को भी नहीं यह क्रम ठहरता,
        पाँव मंज़िल पर नहीं पड़ता किसी का;
        प्यार से, प्रिय, जी नहीं भरता किसी का।

स्वप्न से उलझा हुआ रहता सदा मन,
एक ही इसका मुझे मालूम कारण,
        विश्व सपना सच नहीं करता किसी का;
        प्यार से, प्रिय, जी नहीं भरता किसी का।

मिलन यामिनी

33

गीत मेरे, देहरी के दीप-सा बन।

एक दुनिया है हृदय में, मानता हूँ,
वह घिरी तम से, इसे भी जानता हूँ,
    छा रहा है किन्तु बाहर भी तिमिर घन;
    गीत मेरे, देहरी के दीप-सा बन।

प्राण की लौ से तुझे जिस काल बारूँ,
और अपने कंठ पर तुझको सँवारूँ,
    कह उठे संसार, आया ज्योति का क्षण;
    गीत मेरे, देहरी के दीप-सा बन।

दूर कर मुझमें भरी तू कालिमा जब,
फैल जाए विश्व में भी लालिमा तब,
    जानता सीमा नहीं है अग्नि का कण;
    गीत मेरे, देहरी के दीप-सा बन।

जग विभामय तो न काली रात मेरी,
मैं विभामय तो नहीं जगती अँधेरी,
    यह रहे विश्वास मेरा, यह रहे प्रण;
    गीत मेरे, देहरी के दीप-सा बन।

मध्य भाग

1

मैं गाता हूँ इसलिए कि पूरब से सुरभित
जो सोना शुभ्र-सलोना नित्य बरसता है,
उसको कोई बस प्रात किरण मत कह बैठे।

जब कोई अपने कोटि करों को कर बाहर
अपने तप का चिर संचित कोष लुटाता है,
जब उसका सौरभ-यश कलि-कुसुमों के मुख से
विस्तृत बसुधा के कण-कण में छा जाता है,

तब जाकर तम का काला, भारी, भयकारी
पर्दा ऊपर को उठता और सिमटता है;

इतने उत्सर्गों, उल्लासों का यह अवसर,
अचरज है मुझको, कैसे प्रति दिन आता है।

कवि वह है जिसके मन को चोट पहुँचती है
जब होती जग में सुंदरता की अवहेला,
अनजाने भी अपमान किसी का हो जाता,
अनजाने भी अपराध कभी हो जाते हैं;

मैं गाता हूँ इसलिए कि पूरब से सुरभित
जो सोना शुभ्र-सलोना नित्य बरसता है,
उसको कोई बस प्रात किरण मत कह बैठे।

रजनी में आँखें सपनों से बहला भी लो,
दिन देन दूसरी ही कुछ माँगा करता है,
देखें अँधियारा चीर निकलता है कोई,
देखें कोई अंतर की पीड़ा हरता है,

सारी आशा-प्रत्याशाओं की परवशता
में मन गलकर निर्मम बूँदों में ढल जाता,

देखें मिलकर क्या देता जबकि प्रतीक्षा में
पलकों का आँचल मुक्ताहल से भरता है,

कवि वह है जिसके उर में आहें उठती हैं
जब होती मिलनातुर घड़ियों की अवहेला,
आँसू का कुछ भी मोल नहीं बाज़ारों में,
क्यों इस कारण कोई उसका उपहास करे;

मैं गाता हूँ इसलिए कि विरही के दृग में
जो बिन्दु सुधा का सिंधु समेट छलकता है,
उसको कोई खारा जलकण मत कह बैठे।

मैं गाता हूँ इसलिए कि पूरब से सुरभित
जो सोना शुभ्र-सलोना नित्य बरसता है,
उसको कोई बस प्रात किरण मत कह बैठे।

जब जगती छाती में अभाव की चेतनता
तब निखिल सृष्टि का मूल केन्द्र ही हिलता है,
वह ठंडी साँसें खींच बिलख तब उठती है
जब एकाकी को अपना संगी मिलता है,

जलते अधरों कुछ खोज रही-सी बाँहों में
धरती की सारी बेचेनी जाहिर होती,

जब प्राणों का विनिमय प्राणों से होता है
अंबर के दिल का पंकज ही तब खिलता है,

मिलन यामिनी

कवि वह है जिसका अंतर विगलित होता है
जब होती जग में प्यास-प्रणय की अवहेला,
शब्दों की निर्धन दुनिया में अक्सर होता
कुछ कहते हैं पर मतलब कुछ से होता है,

मैं गाता हूँ इसलिए कि प्रेमी के मन में
जो प्यार अनंत, अपार, अगाध उमड़ता है,
उसको कोई व्यामोह-व्यसन मत कह बैठे।

2

मैं गाता हूँ इसलिए कि पूरब से सुरभित
जो सोना शुभ्र-सलोना नित्य बरसता है,
उसको कोई बस प्रात किरण मत कह बैठे।

मैं रखता हूँ हर पाँव सुदृढ़ विश्वास लिए,
ऊबड़-खाबड़ तम की ठोकर खाते-खाते
इनसे कोई रक्ताभ किरण फूटेगी ही।

तम कहता है मुझ महानिशा
की दिशा नहीं तुम पाओगे,

ज्यादा संभव है भूल-भटक
फिर उसी जगह आ जाओगे,

थे चले जहाँ से पहले दिन
मन में तूफ़ानी जोश लिए

कंचन की नगरी में जाकर
माणिक के दीप जलाओगे!

है बहुत सिखाया जगती के
कड़ुए अनुभव ने पर अब भी—

मैं रखता हूँ हर पाँव सुदृढ़ विश्वास लिए,
    ऊबड़-खाबड़ तम की ठोकर खाते-खाते
        इनसे कोई रक्ताभ किरण फूटेगी ही।

जो भेंट चला था मैं लेकर
हाथों में कब की कुम्हलाई,
नयनों ने सींचा उसे बहुत
लेकिन वह फिर भी मुरझाई,
        तब से पथ-पुष्पों से निर्मित
        कितनी मालाएँ सूख चुकीं,
जिस मग से मैं आया उस पर
पाओगे   बिखरी-बिखराई;
        कुम्हला न सकी, मुरझा न सकी
        लेकिन अर्चन की अभिलाषा,

मैं चुनता हूँ हर फूल अटल विश्वास लिए,
    ये पूज न पाएँ प्रेय चरण लेकिन दुनिया
        इनकी श्रद्धा को एक समय पूजेगी ही।

मैं रखता हूँ हर पाँव सुदृढ़ विश्वास लिए,
    ऊबड़-खाबड़ तम की ठोकर खाते-खाते
        इनसे कोई रक्ताभ किरण फूटेगी ही।

जब इस पथ पर थे पाँव दिए
तब चीख़ पड़ा था यों अंबर—
इसकी मंज़िल पाई जाती
केवल मरकर, केवल मिटकर!
        फिर भी न डरा, हिचका, झिझका,
        मेरा मन बंदा सैलानी;

मिलन यामिनी

जिंदा रहना क्या इतना ही
बस डोले साँसों का लंगर !
                   है मेरा पूरा सफ़र नपा
                   मेरी छाती की धड़कन से—

मैं लेता हूँ हर साँस अमर विश्वास लिए,
    मैं पहुँच न पाऊँ जीते जी अपनी मंज़िल,
        पर मरने पर मंज़िल मुझ तक पहुँचेगी ही।

मैं रखता हूँ हर पाँव सुदृढ़ विश्वास लिए,
    ऊबड़-खाबड़ तम की ठोकर खाते-खाते
        इनसे कोई रक्ताभ किरण फूटेगी ही।

अज्ञात नहीं है यह मुझको
गाया करता निशि-दिन सागर,
गाया करता दिन-रात अनिल
हरहर-हरहर,   मरमर-मरमर;

              जो मौन महा संगीत गगन
              को पुलकाकुल नित रखता है,

उससे भी मैं चिर परिचित हूँ—
लेकिन मेरा भी अपना स्वर।

              मेरी सत्ता का अंश अमर
              यह क्षीण सबों से होकर भी।

मैं गाता हूँ हर गीत मधुर विश्वास लिए,
    लहराती अंबर पर, तारों से टकराती
        ध्वनि पास तुम्हारे एक समय गूँजेगी ही।

मैं रखता हूँ हर पाँव सुदृढ़ विश्वास लिए,
ऊबड़-खाबड़ तम की ठोकर खाते-खाते
इनसे कोई रक्ताभ किरण फूटेगी ही।

3

प्यार, जवानी, जीवन इनका
जादू मैंने सब दिन माना।

यह वह पाप जिसे करने से
भेद भरा परलोक डराता,
यह वह पाप जिसे कर कोई
कब जग के दृग से बच पाता,
यह वह पाप झगड़ती आई
जिससे बुद्धि सदा मानव की,

यह वह पाप मनन भी जिसका
कर लेने से मन शरमाता;
तन सुलगा, मन द्रवित, भ्रमित कर
बुद्धि, लोक, युग सब पर छाता,
हार नहीं स्वीकार हुआ तो
प्यार रहेगा ही अनजाना।
प्यार, जवानी, जीवन इनका
जादू मैंने सब दिन माना।
डूब किनारे जाते हैं जब
नद्दी में जोबन आता है,
कूल-तटों में बंदी होकर
लहरों का दम घुट जाता है,
नाम दूसरा केवल जगती
जंग लगी कुछ जंजीरों का,

मिलन यामिनी

जिनके अंदर तान-तरंगें उनका
जग से क्या नाता है;
मन के राजा हो तो मुझसे
लो वरदान अमर यौवन का,
नहीं जवानी उसने जानी
जिसने पर का बंधन जाना।
प्यार, जवानी, जीवन इनका
जादू मैंने सब दिन माना।
फूलों से, चाहे आँसू से
मैंने अपनी माला पोही,
किंतु उसे अर्पित करने को
बाट सदा जीवन की जोही,
गई मुझे ले मृत्यु भुलावा
दे अपनी दुर्गम घाटी में,
किन्तु वहाँ पर भूल-भटककर
खोजा मैंने जीवन को ही;
जीने की उत्कट इच्छा में
था मैंने, 'आ मौत' पुकारा।
वर्ना मुझको मिल सकता था
मरने का सौ बार बहाना।
प्यार, जवानी, जीवन इनका
जादू मैंने सब दिन माना।

4

बहती है मधुवन में अब पतझर की बयार।

जिनकी छाया में काट दिए थे दिन दुख के,
जिनकी छाया में देखे थे सपने सुख के,

अब इने-गिने उन पत्तों के हैं दिवस चार।
बहती है मधुवन में अब पतझर की बयार।

देखो पीलापन इनपर छाया जाता है,
मधुवन का मधुवन, लो, मुरझाया जाता है,
ले गया काल इनकी सब श्री-सुषमा उतार,
बहती है मधुवन में अब पतझर की बयार।

जो एक डाल पर एक साथ झूले-डोले,
जो एक साथ प्रात: किरणों की जय बोले,
वे अलग-थलग गिरते अपनी सुध-बुध बिसार,
बहती है मधुवन में अब पतझर की बयार।

पीले पत्तों के नीचे अंकुर की लाली,
नूतन जीवन का चिह्न लिए डाली-डाली,
तरुवर-तरुवर पर लक्षित यौवन का उभार,
बहती है मधुवन में अब पतझर की बयार।

जिन झोंकों से कुम्हलाए पत्ते झरते हैं,
उनसे ही बल नव पल्लव संचित करते हैं,
जिनसे लुटता, उनसे ही बँटता भी सिंगार,
बहती है मधुवन में अब पतझर की बयार।

सौ बार शिशिर मधुवन के आँगन में आए,
पर वह जादू की शक्ति न मधुवन से जाए,
जो नूतन से करती पुराण का परिष्कार,
बहती है मधुवन में अब पतझर की बयार।

मिलन यामिनी

5

पतझर से डरे जिसके उर में
　　　　नव यौवन का उन्माद न हो।

पीले   मुरझाए   चेहरों   में
यौवन ही लाली भरता है,
कितनी ही बार लुटे लेकिन
श्री-शोभा संचित करता है;
　　　　पतझर की पतित करतूतों से
　　　　तरु-तरु परिचित, डाली डाली;
　　　　पतझर से डरे जिसके उर में
　　　　नवयौवन का उन्माद न हो।
वह देखो पलाशों ने वन से
उठ क्रांति पताका फहराई,
वह देखो उदास खड़ी डालों
पर   क्या हरियाली गहराई,
　　　　वह देखो बसंती फूलों के
　　　　ऊपर   मँडराती   अलिमाला;
　　　　पतझर से डरे जिसको मधुऋतु
　　　　के सौ सपनों की याद न हो।
पतझर से डरे जिसके उर में
　　　　नव यौवन का उन्माद न हो।

वह सुन लो नया स्वर कोकिल का
है गूँज रहा अमराई में,
वह सुन लो नक़ल होती उसकी
उपवन, बीथी, अँगनाई में;
　　　　हर जीवन के स्वर की प्रतिध्वनि
　　　　आती है अगणित कंठों से;

मिलन यामिनी　　　　　　　　　55

पतझर के सूनेपन से डरे
जिसके अंतर में नाद न हो।

पतझर से डरे जिसके उर में
नव यौवन का उन्माद न हो।

6

वह कूकी, लाई साँस नई मधुवन में।
पीलेपन में बदल गई थी
पत्तों   की   हरियाली,
छोड़ रही थी वह भी क्षण-क्षण
तरु   की   डाली-डाली,
         शाखा के कंकाल खड़े थे
            गगन-पटल के आगे;
वह कूकी, लाई साँस नई मधुवन में।

कूक एक—जड़ जग के अन्दर
जीवन   रस   लहराया,
कूक एक—तरुओं के तन का
रोम-रोम   फहराया,
         अंकुर-अंकुर की आँखों में
            सौ बसंत के सपने,
वह कूकी, लाई आस नई मधुवन में।
वह कूकी, लाई साँस नई मधुवन में।

कूक एक—कल्पना अनूठी
जाग उठी आँखों में,
चढ़ते यौवन के अल्हड़ पग
बदल गए पाँखों में,

                                          मिलन यामिनी

चला समीरण मंजरियों का
लेकर सरस निमंत्रण,
            वह कूकी, लाई बास नई मधुवन में।
            वह कूकी, लाई साँस नई मधुवन में।

            कूक एक—ताज़ी हो आई
            मन   में   बात   पुरानी,
            कूक एक—रुक गई ठिठककर
            ढलती   हुई   जवानी,
मदिरालय ने कहा, एक-दो
घूँट और पीता जा—
वह कूकी, लाई प्यास नई मधुवन में।
वह कूकी, लाई साँस नई मधुवन में।

7

सहसा बिरवों में पात लगे,
            सहसा बिरही की आग जगी।

जब मैंने मरकत पत्रों को
पियराते,   मुरझाते   देखा,
जब मैंने पतझर को बरबस
मधुवन में धँस जाते देखा,
            तब अपनी सूखी लतिका पर
            पछताते मुझको लाज लगी,
            जब मैंने तरु-कंकालों को
            अपने से भय खाते देखा,
पर ऐसी एक बयार बही,
कुछ ऐसा जादू-सा उतरा,

जिससे बिरवों में पात लगे,
जिससे अंतर में आह जगी।
सहसा बिरवों में पात लगे,
                सहसा बिरही की आग जगी।

कुछ अनजाने सुख से सिहरीं
सब   सूखी-भूखी   शाखाएँ,
उन पर ऐसी लाली दौड़ी
जैसे   गालों   पर   शरमाए
                उस बाला के जिसका कोई
                मुख चुंबन पहली बार करे;
                यह देख समा मेरी सहमी
                आँखों में आँसू भर आए;

क्या था उस मादक लाली में,
क्या, उस मोहक हरियाली में,
जिससे छाती में तीर चुभे,
जिससे अंतर में चाह जगी।
                सहसा बिरवों में पात लगे।
                सहसा बिरही की आग जगी।

जब अखिल प्रकृति ही बैठी थी
सेती सूनेपन की दुनिया,
तब अचरज क्या जो चुप होकर
बैठा यह गीतों का गुनिया,
                कोयल कूकी जैसे उसको
                जीवन का कोई भेद मिला,
                कानों में फिर से गूँजीं कुछ
                भूली-भूली-सी प्रतिध्वनियाँ;

क्या था उस कूक बहारी में,
क्या, उस मधुमय किलकारी में,

मिलन यामिनी

जिससे साँसों में राग उठा,
जिससे अंतर में डाह जगी।
सहसा बिरवों में पात लगे,
          सहसा बिरही की आग जगी।

8

डालें पलाश की फूट पड़ीं,
          प्रिय, छूट गया धीरज मेरा।

मैंने तो यह गुन रक्खा था
जब साँस बसंती आएगी,
तब अपने सौ वरदानों में
वह साथ तुम्हें भी लाएगी,
          पत्ते-पत्ते ने टूट यही
          मेरे कानों में बात कही,
          कब समझा था मेरी आशा
          यों अपने मुँह की खाएगी;
यह सोच, बहार नहीं आई,
धोखे में अपने को रक्खा;
सहसा रोमावलि सिहर उठी,
प्रिय छूट गया धीरज मेरा;
डालें पलाश की फूट पड़ीं,
          प्रिय, छूट गया धीरज मेरा।

मैंने तो यह गुन रक्खा था
जब भृंगों की ध्वनि गूँजेगी,
तब नीरव घड़ियों में सेई
मेरी साधें भी पूजेंगी,
          हर गूँगे स्वर के अंदर से
          स्वर एक निरंतर सुनता था,

रुनझुन करती वह आती है
जो पीर तुम्हारी बूझेगी,

कितना कानों को रूँधूँ मैं,
बौरे आमों पर बौराए
भौंरों की पाँतें टूट पड़ीं,
प्रिय, छूट गया धीरज मेरा;
डालें पलाश की फूट पड़ीं,
प्रिय, छूट गया धीरज मेरा।

शाख़ों ने कल्ले फोड़े पर
देरी उनके हरियाने में,
कुछ काल अभी तक बाक़ी है
सचमुच मधुऋतु के आने में,
अलि आतुर गंध-पराग रहित
कलियों से भी बँध जाते हैं,
मन मान विलंब अभी कुछ है
खगकुल के खुलकर गाने में;
अपने को बहला रखने की
आख़िर कुछ हद भी होती है,
कोकिल कुहु-कुहुकर कूक पड़ी,
प्रिय, छूट गया धीरज मेरा,
डालें पलाश की फूट पड़ीं,
प्रिय, छूट गया धीरज मेरा।

9

अनगिनत बसंती फूलों के
गुच्छों में गिनती के पत्तों
का अमलतास, फिर एक बार
कर जाता है मुझको उदास!

मिलन यामिनी

यौवन की पागल घड़ियों में
देखा था मैंने यह सपना,
मैं संग प्रिया के बैठा हूँ
सिर पर सुमनों का छत्र तना,
                पत्रों की निर्धन छाया में
                साधारण दुनिया मिलती है,
                मेरी वह साध पुराने को
                यह सोने का संसार बना;
पर यह बहार भी इंतज़ार
का क़िस्सा बनकर जाती है;
                अनगिनत बसंती फूलों के
                गुच्छों में गिनती के पत्तों
                का अमलतास, फिर एक बार
                कर जाता है मुझको उदास।

इन कंचन-पीले पुष्पों से
यदि भाग्य हमारे खिल पाते,
दो उमड़े-घुमड़े बादल के
टुकड़ों से यदि हम मिल पाते,
                हर चितवन में, हर चुंबन में,
                हर चुंबक-से आलिंगन में,
                प्रेयसि, बरबस कितने रस के
                मदमाते निर्झर बह जाते!
मन की मिठास ही घुट-घुटकर
भीतर-भीतर विष बनती है;
                अनगिनत बसंती फूलों के
                गुच्छों में मधुपूरित छत्तों
                का अमलतास, फिर एक बार
                कर जाता है मुझको उदास।
अनगिनत बसंती फूलों के
गुच्छों में गिनती के पत्तों

का अमलतास, फिर एक बार
कर जाता है मुझको उदास।

मेरी   अभिलाषाएँ   बिखरीं
कुसुमों   की   सुंदरता   बनकर,
मेरे   चिंतन   के   क्षण   कितने
निखरे   छाया   में   छन-छनकर,
डालें   भुज   हैं   जिनको   मेरी
आशाओं   ने   फैलाया   है,
विश्वास   अटल   मेरा   बैठा
इसकी   जड़   की   दृढ़ता   बनकर;
यह   वृक्ष   नहीं   जिस   पर   पतझर
मधुऋतु   का   शासन   चलता   है;
प्रत्याशाओं   के   झूलों   में
झूला-झूला   स्वप्निल   तत्त्वों

का अमलतास, फिर एक बार
कर जाता है मुझको उदास।
अनगिनत   बसंती   फूलों   के
गुच्छों   में   गिनती   के   पत्तों
का अमलतास फिर एक बार
कर जाता है मुझको उदास।

10

इन   चिकने,   ताज़े,   हरे,   नए
पत्तों   के   साये   में,   सुमने,
फिर   प्यार   नया   हो   सकता   है।

हर दंत समय का जो लगता,
मानो,   विषदंत   नहीं   होता,

                                              मिलन यामिनी

दुख मानव के मन के ऊपर
सब दिन बलवंत नहीं होता,
आहें उठतीं, आँसू झड़ते,
सपने पीले पड़ते, लेकिन—
जीवन में पतझर आने से
जीवन का अंत नहीं होता;
यौवन मधुऋतु का स्वर उठकर
अंदर से मुझसे कहता है,
इन चिकने, ताज़े, हरे, नए
पत्तों के साये में, सुमने,
फिर प्यार नया हो सकता है।

अंबर ने मधुवन से पूछा,
तू आज बना मस्ताना क्यों,
बोला, कोयल से यह पूछो,
उसका पुरजोश तराना क्यों,
उसने पिक से यह प्रश्न किया,
बोली, इन डालों से पूछो,
नूतन पत्तों के साथ सजीं
तजकर परिधान पुराना क्यों,
डालों ने छाया में बैठे
हमको-तुमको बस दिखलाया;
दो दूर दिलों के मिलने से
भी इतना अंतर भरता है,
संसार नया हो सकता है।

इन चिकने, ताज़े, हरे नए
पत्तों के साये में, सुमने,
फिर प्यार नया हो सकता है।

हम अपनी मस्ती में बहके
मधुपात बही बहकी-बहकी,

चुंबन के स्वर संकेतों पर
बन की सारी चिड़ियाँ चहकीं,
अनुकरण हमारे शब्दों का
अस्फुट, लो, पल्लव दल करते,
साँसों से साँसें मिलनी थीं खुलकर,
खिलकर कलियाँ महकीं;
मायूस नज़र से कब
किसने दुनिया की सच्चाई देखी;

आशा की पुलकित आँखों से
जग, जीवन और ज़माने का
दीदार नया हो सकता है।

इन चिकने, ताज़े, हरे, नए
पत्तों के साये में, सुमने,
फिर प्यार नया हो सकता है।

11

गरमी में प्रातःकाल पवन
बेला से खेला करता जब
तब याद तुम्हारी आती है।

जब मन से लाखों बार गया–
आया सुख सपनों का मेला,
जब मैंने घोर प्रतीक्षा के
युग का पल-पल जल-जल झेला,
मिलने के उन दो यामों ने
दिखलाई अपनी परछाईं,

मिलन यामिनी

वह दिन ही था बस दिन मुझको,
वह बेला थी मुझको बेला;

उड़ती छाया-सी वे घड़ियाँ
बीतीं कब की लेकिन तब से,

गरमी में प्रातःकाल पवन
बेला से खेला करता जब
तब याद तुम्हारी आती है।

तुमने जिन सुमनों से उस दिन
केशों का रूप सजाया था,
उनका सौरभ तुमसे पहले
मुझसे मिलने को आया था,
वह गंध गई गठबंध करा
तुमसे, उन चंचल घड़ियों से
उस सुख से जो उस दिन मेरे
प्राणों के बीच समाया था;
वह गंध उठा जब करती है
दिल बैठ न जाने जाता क्यों;

गरमी में प्रातःकाल पवन
प्रिय, ठंडी आहें भरता जब
तब याद तुम्हारी आती है।
गरमी में प्रातःकाल पवन
बेला से खेला करता जब
तब याद तुम्हारी आती है।

चितवन जिस ओर गई उसने
मृदु फूलों की वर्षा कर दी,
मादक मुसकानों ने मेरी
गोदी पंखुरियों से भर दी,
हाथों में हाथ लिए, आए
अंजलि में पुष्पों के गुच्छे,

जब तुमने मेरे अधरों पर
अधरों की कोमलता धर दी,
कुसुमायुध का शर ही मानो
मेरे अंतर में पैठ गया!

गरमी में प्रात:काल पवन
    कलियों को चूम सिहरता जब
        तब याद तुम्हारी आती है।
गरमी में प्रात:काल पवन
    बेला से खेला करता जब
        तब याद तुम्हारी आती है।

12

ओ पावस के पहले बादल,
उठ उमड़-गरज, घिर घुमड़-चमक
        मेरे   मन-प्राणों   पर   बरसो।

यह आशा की लतिकाएँ थीं
जो बिखरीं आकुल-व्याकुल-सी,
यह स्वप्नों की कलिकाएँ थीं
जो खिलने से पहले झुलसीं,
        यह मधुवन था, जो सूना-सा
        मरुथल दिखलाई पड़ता है
        इन सूखे कूल-किनारों में
        थी एक समय सरिता हुलसी;
    आँसू की बूँदें चाट कहीं
    अंतर की तृष्णा मिटती है;

मिलन यामिनी

ओ पावस के पहले बादल,
उठ उमड़-गरज, घिर घुमड़-चमक
मेरे   मन-प्राणों   पर   बरसो।

मेरे उच्छ्वास बनें शीतल
तो जग में मलयानिल डोले,
मेरा   अंतर   लहराए   तो
जगती अपना कल्मष धो ले,
            सतरंगा   इंद्रधनुष   निकले
        मेरे मन के धुँधले तट पर,
        तो दुनिया सुख की, सुखमा की
            मंगल वेला की जय बोले;
सुख है तो औरों को छूकर
अपने से सुखमय कर देगा,
            ओ वर्षा के हर्षित बादल,
        उठ उमड़-गरज, घिर घुमड़-चमक
        मेरे   अरमानों   पर   बरसो।

ओ पावस के पहले बादल,
        उठ उमड़-गरज, घिर घुमड़-चमक
        मेरे मन-प्राणों पर बरसो।

सुख की घड़ियों के स्वागत में
छंदों पर छंद सजाता हूँ,
पर अपने दुख के दर्द भरे
गीतों पर कब पछताता हूँ,
            जो औरों का आनंद बना
        वह दुख मुझ पर फिर-फिर आए,
        रस में भीगे दुख के ऊपर
        मैं सुख का स्वर्ग लुटाता हूँ;

कंठों से फूट न जो निकले
कवि को क्या उस दुख से, सुख से;
    ओ बारिश के बेख़ुद बादल,
    उठ उमड़-गरज, घिर घुमड़-चमक
    मेरे स्वर-गानों पर बरसो।
ओ पावस के पहले बादल,
उठ उमड़-गरज, घिर घुमड़-चमक
मेरे   मन-प्राणों   पर   बरसो।

13

चाँदनी रात के आँगन में
    कुछ छिटके-छिटके-से बादल,
    कुछ भटका-भटका-सा मन भी

जब सारी दुनिया सोई है
तब नभ-मंडल पर चाँद जगा,
कुछ सपनों में डूबा-डूबा,
कुछ सपनों में उमगा-उमगा,

        उसके पथ में अनचाहे-से
        कुछ बेबस बादल के टुकड़े,
        पर पूजन, स्नेह-समर्पण से
        कब सुंदरता को दाग़ लगा;
        जैसे ये बादल के टुकड़े
        सुखमा का आँचल थामे से,
    अनजान किसी पर न्योछावर
        क्या शोभन, स्वागतमय होगा
        मेरे उर का पागलपन भी ?

                    मिलन यामिनी

चाँदनी रात के आँगन में
कुछ छिटके-छिटके-से बादल,
कुछ भटका-भटका-सा मन भी।
रह-रहकर यह बादलमाला
अब ठंडी साँसें लेती है,
क्या शीघ्र सफल होने को हैं
आशाएँ जो यह सेती है?

रंगीन मलीन हुई सहसा;
वे यों ही जगमग कर उठते
करुणा-ममता की छोह भरी
किरणें जिनको छू देती हैं;

जैसे बिखरापन बादल का
निखरा सतरंगा साज पहन;

सध सप्त सुरों में वीणा के
क्या गीत कभी बन पाएगा
मेरे जीवन का क्रंदन भी?

चाँदनी रात के आँगन में
कुछ छिटके-छिटके-से बादल,
कुछ भटका-भटका-सा मन भी।

झर-झर, लो, वृष्टि लगी होने
अंबर के दृग के कोने से,
मन क्यों यों गल-ढल जाता है
अभिलाषा पूरी होने से,

अंतर में उमड़े भावों का
इतना ही तो इतिहास नहीं,
मोती की फ़सलें उगती हैं
आँसू की बूँदें बोने से;

जैसे बादल का विगलित मन
धरती पर गिर वरदान हुआ,

जगती की जलती छाती पर
क्या शीतल रस बन बरसेगा
मेरे नयनों का जल-कण भी ?

चाँदनी रात के आँगन में
कुछ छिटके-छिटके-से बादल,
कुछ भटका-भटका-सा मन भी।

14

तुम आओगी जिस दिन होगी
उस रात हमारी दीवाली

दीवाली की खुशियाली में
जग दीपक-पंक्ति जलाता है,
उजियाले में कुछ ऐसा है
सबकी आँखों को भाता है,

बाहर का तम सहमा-सहमा
आभा की इस रँगरेली से,
मिट्टी के दीपों से पर कब
मन का अँधियाला जाता है;

अंबर की तारकमाला भी
कर इसको दूर नहीं पाई,
धरती की सबसे दिव्य दमक
पर भी रहती छाया काली।
तुम आओगी जिस दिन होगी
उस रात हमारी दीवाली।

मिलन यामिनी

मनुहार विहंगम करते हैं
तब सूर्य किरण अँगड़ाती है,
जब क्षितिज उसाँसें भरता है
तब चंद्र किरण मुसकाती है,
जब भीग-नहा चुकता अंबर
अपने आँसू की धारा में,
तब क्षण भर को चपला चंचल
अपना मुखड़ा दिखलाती है;

मनुहार, उसाँसें, आँसू से
कुछ और न जिसने नाम लिया,
उससे आवाहन करने पर
भी दूर तुम्हारी पग-लाली।
तुम आओगी जिस दिन होगी
उस रात हमारी दीवाली।

जुगनू की बूँद उजाले की
मिट्टी के कण दीपित करती,
दीपों की अवली जग-जगकर
घर-आँगन का मातम हरती,
बिजली बादल की छाती में
रखती है ज्वाला की बाती,
रवि-शशि-तारों की प्राण प्रभा
भू में, नभ में जीवन भरती,
पर बुझे हुए दिल जलते हैं
केवल मुसकानों की लौ से;
कुछ आस लगाए स्नेह-भरी
बैठी उर-अंतर की प्याली।
तुम आओगी जिस दिन होगी
उस दिन हमारी दीवाली।

वह एक दिवस को आई थी
पर कितनी मादक यादों से
भर गई भवन, भर गई हृदय।

यह द्वार वही जिसने उसके
आते ही उसके पग चूमे,
ये गलियारे, दे गलबाँहीं
जिसमें हम हँस-हँसकर घूमे,

इन कमरों की दीवारों के
मुख होता तो वे रच देतीं
ऐसी कविता जिसको सुनकर
धरती नाचे, अंबर झूमे!

उसके बतियाने, गाने के
उसके हँसने के निर्मल स्वर—

से घर प्रतिपल गूँजा करता,
अंतर में है लहराती लय।

वह एक दिवस को आई थी
पर कितनी मादक यादों से
भर गई भवन, भर गई हृदय।

जब कल स्वागत कर विहँसा था
तो आज विदा दे रोया भी,
कुछ घड़ियों के अंदर-अंदर
मैंने क्या पाया, खोया भी,

अंदाज़ लगा सकना इसका
मेरे तो बस की बात नहीं,
अब तक हूँ मैं जैसे कोई
कुछ जागा भी, कुछ सोया भी;

मिलन यामिनी

कुछ-कुछ सच-सी, कुछ सपने-सी
बीती   घटनाएँ   लगती   हैं
लगता   जैसे   पी   बैठा   हूँ।
कुछ-कुछ मधुमय, कुछ-कुछ विषमय।

वह एक दिवस को आई थी
पर कितने हर्ष-विषादों से
भर गई भवन, भर गई हृदय।

वह एक दिवस को आई थी
पर कितनी मादक यादों से
भर गई भवन, भर गई हृदय।

विश्वास न था मेरे मन को
आनेवाले   अगले   पल   पर,
वह बोली, किसका 'आज' मधुर,
सबकी आशा, पगले, 'कल' पर,
        कल का उसने मेरे आगे
        कैसा बढ़िया खाका खीचा,
        स्वर्गों से स्वप्न उतरते थे
        उसकी बातों पर झलमल कर;

उम्मीदें   ऐसी   बँधवा   दीं
अब मैं बैठा रह सकता हूँ
उनको   सेता   तब   तक
जब तक लेता है अंतिम साँस समय।

वह एक दिवस को आई थी
पर कितने अद्भुत वादों से
भर गई भवन, भर गई हृदय।

वह एक दिवस को आई थी
पर कितनी मादक यादों से
भर गई भवन, भर गई हृदय।

16

मन रोक न जो मुझको रखता
जीवन से निर्झर शरमाता।

मेरी छाती के भीतर जो
जादू की साँसें चलती हैं,
उनके छूने से जग-युग की
निश्चल चट्टानें गलती हैं,

अपनी दो बाँहों के अंदर
मैं सरिता एक सँभाले हूँ,
मेरे अधरों पर आ-आकर
लहरें दिन-रात मचलती है;

मेरे पथ की बाधा बनकर
कोई कब तक टिक सकता था,
पर मैं खुद ऊँचे बाँध उठा
अपने को उनमें भरमाता।

मन रोक न जो मुझको रखता
जीवन से निर्झर शरमाता।

रस-रूपमयी इस दुनिया पर
जब मेरी आँखें बिछ जातीं,
तब किसकी भौंहें तन करके
मेरी पलकों को डरपातीं,

मिलन यामिनी

कलियों की कोमलता छू लूँ
छू लूँ मधुपों की मादकता,
यह कौन कहाँ से थामे हैं
जो नहीं उँगलियाँ बढ़ पातीं,
मधुवन का आज बुलावा है
पावों में कौन लिपटता है,
इन मृदु पर दृढ़ ज़ंजीरों से
किसने मेरा जोड़ा नाता।
मन रोक न जो मुझको रखता
जीवन से निर्झर शरमाता।

जब दिल विगलित हो जाता है
तब वह कैसे जम सकता है,
धारा को मोड़ भले ही दो
पर वेग कहाँ थम सकता है,
भू पर न चला इठलाता तो,
किरणों पर नीर चढ़ेगा ही,
पर नभ के सूने आँगन में
वह कितने दिन रम सकता है,
यह रंग-बिरंगी जगती ही
मेरे मानस की अधिकारी,
झरना बनकर न बहा इस पर,
बादल बनकर रस बरसाता,

मन रोक न जो मुझको रखता
जीवन से निर्झर शरमाता।

खींचतीं तुम कौन ऐसे बंधनों से
जो कि रुक सकता नहीं मैं—

काम ऐसा कौन जिसको
छोड़ मैं सकता नहीं हूँ,
कौन ऐसा, मुँह कि जिससे
मोड़ मैं सकता नहीं हूँ?
आज रिश्ता और नाता
जोड़ने का अर्थ क्या है?
श्रृंखला वह कौन जिसको
तोड़ मैं सकता नहीं हूँ?

चाँद, सूरज भी पकड़
मुझको नहीं बिठला सकेंगे,
क्या प्रलोभन दे मुझे वे
एक पल बहला सकेंगे?
जबकि मेरा वश नहीं
मुझ पर रहा, किसका रहेगा?
खींचतीं तुम कौन ऐसे बंधनों से
जो कि रुक सकता नहीं मैं—

उठ रहा है शोर-गुल
जग में, ज़माने में, सही है,
किन्तु मुझको तो सुनाई
आज कुछ देता नहीं है,
कोकिलो, तुमको नई ऋतु
के नए नग़मे मुबारक,
और ही आवाज़ मेरे
वास्ते अब आ रही है,

मिलन यामिनी

स्वर्ग परियों के स्वरों के
भी लिए मैं आज बहरा,
गीत मेरा मौन सागर
में गया है डूब गहरा;

साँस भी थम जाय जिससे
साफ़ तुमको सुन सकूँ मैं—
खींचतीं किन पीर-भीगे गायनों से
जो कि रुक सकता नहीं मैं—

खींचतीं तुम कौन ऐसे बंधनों से
जो कि रुक सकता नहीं मैं—

है समय किसको कि सोचे
बात वादों की, प्रणों की,
मान के, अपमान के,
अभिमान के बीते क्षणों की,

फूल यश के, शूल अपयश
के बिछा दो रास्ते में,
घाव का भय, चाह किसको
पँखुरी के चुंबनों की;

मैं बुझाता हूँ पगों से
आज अंतर के अंगारे,
और वे सपने कि जिनको
कवि करों ने थे साँवरे,

आज उनकी लाश पर मैं
पाँव धरता आ रहा हूँ—

खींचतीं किन मौन दृग के जलकणों से
जो कि रुक सकता नहीं मैं—

खींचतीं तुम कौन ऐसे बंधनों से
जो कि रुक सकता नहीं मैं—

18

तुमको मेरे प्रिय प्राण निमंत्रण देते।

अंतस्तल के भाव बदलते
कंठस्थल के स्वर में,
लो, मेरी वाणी उठती है
धरती से अंबर में,
अर्थ और आखर के बल का
कुछ मैं भी अधिकारी,
तुमको मेरे मधुगान निमंत्रण देते;
तुमको मेरे प्रिय प्राण निमंत्रण देते।

अब मुझको मालूम हुई है
शब्दों की भी सीमा,
गीत हुआ जाता है मेरे
रुद्ध गले में धीमा,
आज उदार दृगों ने रख ली
लाज हृदय की जाती,
तुमको नयनों के दान निमंत्रण देते;
तुमको मेरे प्रिय प्राण निमंत्रण देते।

आँख सुने तो आँख भरे दिल
के सौ भेद बताए,
दूर बसे प्रियतम को आँसू
क्या संदेश सुनाए,

मिलन यामिनी

भिगा सकोगी इनसे अपने
मन का कोई कोना?
तुमको मेरे अरमान निमंत्रण देते;
तुमको मेरे प्रिय प्राण निमंत्रण देते।

कवियों की सूची से अब से
मेरा नाम हटा दो,
मेरी कृतियों के पृष्ठों को
मरुथल में बिखरा दो,

मौन बिछी है पथ में मेरी
सत्ता, बस तुम आओ,
तुमको कवि के बलिदान निमंत्रण देते;
तुमको मेरे प्रिय प्राण निमंत्रण देते।

19

प्राण, संध्या झुक गई गिरि, ग्राम, तरु पर,
उठ रहा है क्षितिज के ऊपर सिंदूरी चाँद
मेरा प्यार पहली बार लो तुम।

सूर्य जब ढलने लगा था कह गया था,
मानवो, खुश हो कि दिन अब जा रहा है,
जा रही हैं स्वेद, श्रम की क्रूर घड़ियाँ,
औ' समय सुंदर, सुहाना आ रहा है,

छा गयी है शांति खेतों में, वनों में
पर प्रकृति के पक्ष की धड़कन बना-सा,
दूर, अनजानी जगह पर एक पंछी
मंद लेकिन मस्त स्वर से गा रहा है,

औ' धरा की पीन पलकों पर विनिद्रित
एक सपने-सा मिलन का क्षण हमारा,
स्नेह के कंधे प्रतीक्षा कर रहे हैं;
झुक न जाओ और देखो उस तरफ़ भी—

प्राण, संध्या झुक गई गिरि, ग्राम, तरु पर,
उठ रहा है क्षितिज के ऊपर सिंदूरी चाँद,
मेरा प्यार पहली बार लो तुम।

इस समय हिलती नहीं है एक डाली,
इस समय हिलता नहीं है एक पत्ता,
यदि प्रणय जागा न होता इस निशा में
सुप्त होती विश्व की संपूर्ण सत्ता,

वह मरण की नींद होती जड़-भयंकर
और उसका टूटना होता असंभव,
प्यार से संसार सोकर जागता है,
इसलिए है प्यार की जग में महत्ता,

हम किसी के हाथ में साधन बने हैं
सृष्टि की कुछ माँग पूरी हो रही है,
हम नहीं अपराध कोई कर रहे हैं,
मत लजाओ और देखो उस तरफ़ भी—

प्राण, रजनी भिंच गई नभ के भुजों में,
थम गया है शीश पर निरुपम रुपहरा चाँद,
मेरा प्यार बारंबार लो तुम।

प्राण, संध्या झुक गई गिरि, ग्राम, तरु पर,
उठ रहा है क्षितिज के ऊपर सिंदूरी चाँद,
मेरा प्यार पहली बार लो तुम।

मिलन यामिनी

पूर्व से पच्छिम तलक फैले गगन के
मन-फलक पर अनगिनत अपने करों से
चाँद सारी रात लिखने में लगा था
'प्रेम' जिसके सिर्फ़ ढाई अक्षरों से
          हो अलंकृत आज नभ कुछ दूसरा ही
          लग रहा है और लो जग-जग विहग दल
          पढ़ इसे, जैसे नया यह मंत्र कोई,
          हर्ष करते व्यक्त पुलकित पर, स्वरों से;
किंतु तृण-तृण ओस छन-छन कह रही है,
आ गई वेला विदा के आँसुओं की,
यह विचित्र विडंबना पर कौन चारा,
हो न कातर और देखो उस तरफ़ भी—

प्राण, राका उड़ गई प्रात: पवन में,
          ढल रहा है क्षितिज के नीचे शिथिल-तन चाँद,
          मेरा प्यार अंतिम बार लो तुम।

प्राण, संध्या झुक गई गिरि, ग्राम, तरु पर,
          उठ रहा है क्षितिज के ऊपरी सिंदूरी चाँद,
          मेरा प्यार पहली बार लो तुम।

20

          क्या मेरा है जो आज तुम्हें दे डालूँ।

मिट्टी की अंजलि में मैंने
जोड़ा   स्नेह   तुम्हारा,
बाती की थाती दे तुमने
मेरा   भाग्य   सँवारा,

करूँ आरती तो भी जलते हैं
वरदान   तुम्हारे,

अपने प्राणों के दीप कहाँ जो बालूँ;
क्या मेरा है जो आज तुम्हें दे डालूँ।

तुमने निज अधरों से मेरी
तृष्णा   के   दृग खोले,
प्यास जगे, फिर जीवन चाहे
मधु,   चाहे   विष   घोले,
भरी हृदय के रस से तुमने
मेरी   खाली   प्याली,
फिर उसे तुम्हारे प्याले में क्या ढालूँ;
क्या मेरा है जो आज तुम्हें दे डालूँ।

मैंने   फिर   हीरे   मोती-सी
आँसू   की   निधि   पाली,
पर मरुथल के वक्षस्थल से
किसने   धार   निकाली,
खारे जल का अर्घ्य चढ़ाकर
कौन   बने   अपराधी,

आँसू से अपने नयनों को नहला लूँ;
क्या मेरा है जो आज तुम्हें दे डालूँ।

छंदों   में   जो   लय   लहराती
वह   पदचाप   तुम्हारी,
पायल   की   रुनझुन   पर   मेरा
राग   मुखर   बलिहारी,

मिलन यामिनी

शब्दों में जो भाव मचलते
उन पर क्या वश मेरा,
अपने को ही बहलाना है तो गा लूँ;
क्या मेरा है जो आज तुम्हें दे डालूँ।

21

मौन यामिनी मुखरित मेरी
मधुर तुम्हारी पग पायल से।

अंबर के कोने-कोने में
तारों का संगीत समाए,
प्रलय घनों के गुरु गर्जन से
नभ का ओर-छोर हिल जाए,
तड़ित लास से, अट्टहास से
दसों दिशाएँ फिर-फिर काँपें,
प्रबल प्रभंजन का रव सनसन
वसुधा के कण-कण में छाए,
किन्तु सकेगी भेद प्रकृति भी
कैसे अंतर का सूनापन,
कैसे हो सकता मन मेरा
विचलित जग के कोलाहल से।
मौन यामिनी मुखरित मेरी
मधुर तुम्हारी पग पायल से।

मेरे उच्छ्वासों से जाने
मधुऋतु ने कब धोखा खाया,
तरुओं में कब अंकुर फूटे
कोयल ने कब गीत सुनाया,

मेरे अंध तमस में जाने
कब किरणें भूले से आईं,

प्रात पवन ने कब सहलाकर
मेरा सोया स्वप्न जगाया,

अमर अभावों के आँगन में
जाने कब आशाएँ नाचीं,
जाने कब धुल गए नियति के
अंक अमिट नयनों के जल से।

मौन यामिनी मुखरित मेरी
मधुर तुम्हारी पग पायल से।

इस पायल की लय में मेरी
श्वासों ने निज लय पहचानी,
इस पायल की ध्वनि में मेरे
प्राणों ने अपनी ध्वनि जानी।

ताल दे रहा रोम-रोम है
तन का उसकी रुनुक-झुनुक पर,
इस अधीर मंजीर मुखर से
आज बाँध लो मेरी वाणी;

जीवन की यात्रा के सबसे
सच्चे साथी गीत रहे हैं;
मुझे खोजना है जग का मग
इन पग रागों के संबल से।

मौन यामिनी मुखरित मेरी
मधुर तुम्हारी पग पायल से।

मिलन यामिनी

22

मधु पी लो, मौसम आज बड़ा प्यारा है।

अठखेली करती चलती है
आज हवा मदमाती,
पत्ती-पत्ती गीत प्रीति का
झूम-झूमकर गाती,
उभर-उभर उठती सुख साँसों
से पृथिवी की छाती;
मधु पी लो, मौसम आज बड़ा प्यारा है।

उड़े कहाँ जाते हैं नभ में
ये बादल के टुकड़े,
काश मूँद सकते ये जाकर
उन गुनियों के मुखड़े,
अंधकार में भी जिनके दृग
दोष हमारा तकते,
लेकिन ऐसों से यौवन
कब हारा है;
मधु पी लो, मौसम आज बड़ा प्यारा है।

किसे सुनाई दे सकती है
उसकी निंदित वाणी,
आज प्यास का स्वर ऊँचा है,
सुन लो, सुमुखि, सयानी,
आज स्वाति की बूँद खोजता
है कोई मतवाला,
शशि लाख बहाता अमृत
की धारा है;
मधु पी लो, मौसम आज बड़ा प्यारा है।
आज चंद्रिका की मदिरा में
डूबे अनगिन तारे,

हमीं किनारे पर क्यों बैठें,
चलो चलें मँझधारे,

आज सतह पर रह जाने से
लाज नहीं बच सकती,
जीवन की तह ने
हमको ललकारा है;
मधु पी लो, मौसम आज बड़ा प्यारा है।

23

सखि, अखिल प्रकृति की प्यास कि हम-तुम भीगें।

अकस्मात यह बात हुई क्यों
जब हम-तुम मिल पाए,
तभी उठी आँधी अंबर में
सजल जलद घिर आए,
यह रिमझिम संकेत गगन का
समझो या मत समझो,
सखि, भीग रहा आकाश कि हम-तुम भीगें;
सखि, अखिल प्रकृति की प्यास कि हम-तुम भीगें।

इन ठंडे-ठंडे झोंकों से
मैं काँपा, तुम काँपीं,
एक भावना बिजली बनकर
दो हृदयों में व्यापी,
आज उपेक्षित हो न सकेगा
रसमय पवन-संदेसा,
सखि, भीग रही वातास कि हम-तुम भीगें;
सखि, अखिल प्रकृति की प्यास कि हम-तुम भीगें।

मधुवन के तरुवर से मिलकर
भीगी लता सलोनी,
साथ कुसुम के कलिका भीगी,
कौन हुई अनहोनी,

मिलन यामिनी

भीग-भीग पी-पीकर चातक
का स्वर कातर भारी,
सखि, भीग रही है रात कि हम-तुम भीगें;
सखि, अखिल प्रकृति की प्यास कि हम-तुम भीगें।

इस दूरी की मजबूरी पर
आँसू नयन गिराते,
आज समय तो था अधरों से
हम मधुरस बरसाते,
मेरी गीली साँस तुम्हारी
साँसों को छू आती,
सखि, भीग रहे उच्छ्वास कि हम-तुम भीगें;
सखि, अखिल प्रकृति की प्यास कि हम-तुम भीगें।

24

बद्ध तुम्हारे भुजपाशों में,
और कहो क्या बंधन मानूँ।

यह घन कुंतल राशि नहीं है
पर्दा है जग की आँखों पर,
अधरों पर मधु बिन्दु नहीं है
आया रस का सिंधु सिमट कर,
श्वास नहीं, प्रश्वास नहीं है
मलयानिल के भावुक झोंके,
पुलकित रोमों में सुख मुखरित
तन की मिट्टी का मादक स्वर,
नयनों की यह जोत नहीं है,
यह है स्वर्गों का आमंत्रण,
लुब्ध, मुग्ध, लवलीन तुम्हीं में
अब किसका आकर्षण मानूँ;

बद्ध तुम्हारे भुजपाशों में,
और कहो क्या बंधन मानूँ।

काल कृपाण उठाता जिस पर,
दान अभय का उसको देता,
मैं स्वरूप के भाग्य पटल पर
लिख देता, 'अमरत्व विजेता',
एक-एक क्षण को कर देता
हूँ मैं युग-युग का प्रतिद्वंद्वी,
अटल बनाता मैं यौवन को
जो केवल पल का अभिनेता;

तृषा-तृप्ति हो साथ जहाँ पर
ऐसा जग रचता रहता हूँ,
यह संघर्ष नहीं है तो फिर
और किसे संघर्षण मानूँ;

बद्ध तुम्हारे भुजपाशों में
और कहो क्या बंधन मानूँ।

बनकर आग नहीं पैठा जो
कब उसको स्वीकार किया है,
बनकर राग नहीं निकला जो
कब उसका इज़हार किया है,
स्थान दिया कब उसको मैंने
मथ न दिया जिसने मन मेरा,
प्राण न बाज़ी पर हों जिसमें
कब ऐसा व्यापार किया है;
बिज्जु-वितान, प्रचंड बवंडर
मेरे मन के मीत पुराने,

मिलन यामिनी

जग पगडंडी पर के कैसे
दंड, नियम, अनुशासन मानूँ;

बद्ध तुम्हारे भुजपाशों में,
और कहो क्या बंधन मानूँ।

25

सखि, यह रागों की रात नहीं सोने की।

अंबर-अंतर गल धरती का
अंचल आज भिगोता,
प्यार पपीहे का पुलकित स्वर
दिशि-दिशि मुखरित होता,
        और   प्रकृति-पल्लव-अवगुंठन
        फिर-फिर   पवन   उठाता,
        यह मदमातों की रात नहीं सोने की;
        सखि, यह रागों की रात नहीं सोने की।

हैं अनगिन अरमान मिलन की
ले-दे के दो घड़ियाँ,
झूल रही पलकों पर कितने
सुख सपनों की लड़ियाँ,
एक-एक पल में भरना है
युग-युग की चाहों को,
सखि, यह साधों की रात नहीं सोने की;
सखि, यह रागों की रात नहीं सोने की।

बाट जोहते इस रजनी की
वज्र कठिन दिन बीते,
किंतु अंत में दुनिया हारी
और हमीं-तुम जीते,

नर्म नींद के आगे अब क्यों
आँखें   पाँख   झुकाएँ,
      सखि, यह रातों की रात नहीं सोने की;
      सखि, यह रागों की रात नहीं सोने की।

      वही समय जिसकी दो जीवन
      करते   थे   प्रत्याशा,
      वही समय जिसपर अटकी थी
      यौवन   की   अब   आशा,
इस वेला में क्या-क्या करने
की हम सोच रहे थे,
      सखि, यह वादों की रात नहीं सोने की;
      सखि, यह रागों की रात नहीं सोने की।

26

      प्रिय, शेष बहुत है रात अभी मत जाओ।

अरमानों की एक निशा में
होती   हैं   कै   घड़ियाँ,
आग दबा रक्खी है मैंने
जो   छूटीं   फुलझड़ियाँ,
मेरी सीमित भाग्य परिधि को
और   करो   मत   छोटी,
      प्रिय, शेष बहुत है रात अभी मत जाओ।

      अधर पुटों में बंद अभी तक
      थी   अधरों   की   वाणी,
      'हाँ-ना' से मुखरित हो पाई
      किसकी   प्रणय   कहानी,
      सिर्फ भूमिका थी जो कुछ

                              मिलन यामिनी

संकोच-भरे पल बोले,
प्रिय, शेष बहुत है बात अभी मत जाओ;
प्रिय, शेष बहुत है रात अभी मत जाओ।

शिथिल पड़ी है नभ की बाँहों
में रजनी की काया,
चाँद चाँदनी की मदिरा में
है डूबा, भरमाया,
अलि अब तक भूले-भूले-से
रस-भीनी गलियों में,
प्रिय, मौन खड़े जलजात अभी मत जाओ;
प्रिय, शेष बहुत है रात अभी मत जाओ।

रात बुझाएगी सच-सपने
की अनबूझ पहेली,
किसी तरह दिन बहलाता है
सबके प्राण, सहेली,
तारों के झँपने तक अपने
मन को दृढ़ कर लूँगा,
प्रिय, दूर बहुत है प्रात अभी मत जाओ;
प्रिय, शेष बहुत है रात अभी मत जाओ।

27

चाँद चमकता, वायु ठुमकती,
छन-छन हिलती तरु की छाया।

मैंने क्रांति—निशान उठाया,
काम नया यह मैंने जाना,
किंतु उसी की तैयारी में
बरसों से था व्यस्त ज़माना,

मैंने कुछ सीमाएँ तोड़ीं,
सोचा, नूतन राह निकाली,
चाह रहा था लेकिन युग ही
उस पर अपने पाँव बढ़ाना;
ये दो चुंबन काल-नदी में
बहनेवाले फूल नहीं हैं;
निज गति के मग़रूर समय से
क्षण भर मैंने आज चुराया।
चाँद चमकता, वायु ठुमकती,
छन-छन हिलती तरु की छाया।

एक गीत लिख करके मैंने
जीवन का संदेश सुनाया,
हुआ मुझे भ्रम, जहाँ रुदन था
गायन बनकर मैं मुसकाया,
शत-शत कंठों से वह गूँजा,
मैं समझा, मेरी प्रतिध्वनियाँ,
पर वे आशा की घड़ियाँ थीं,
सबने ही उनका गुण गाया;

यह मुसकान तरंग-विनिर्मित
बालू पर की रेख नहीं है;
सब पर व्यापे शूर समय से
क्षण भर मैंने आज चुराया।
चाँद चमकता, वायु ठुमकती,
छन-छन हिलती तरु की छाया।

सालों श्रम कर, रातों जगकर
मैंने एक विचार निकाला,
पर सब जग यों सोच रहा था,
पा न सका कुछ मर्म निराला,

मिलन यामिनी

ज्ञान-कणों के स्वेद-कणों से
सिंचित करके मूर्ति बनाई,
किन्तु गली वह, ले दुनिया ने
ज्योंही निज धारा में डाला;
यह दो आँसू काल जलधि में
खोनेवाले बिंदु नहीं हैं;
चिर विध्वंसक क्रूर समय से
क्षण भर मैंने आज चुराया।
चाँद चमकता, वायु ठुमकती,
छन-छन हिलती तरु की छाया।

28

कहाँ, विमोहिनि, ले जाओगी
रिझा मुझे झंकृत पायल से ?

वहाँ? जहाँ बौरी अमराई
में फैली है सुरभित छाया,
जहाँ जगत की धूप-धूलि से
दूर पिकी ने नीड़ बनाया,
जहाँ भृंग का गुंजन करता
व्यंग्य विश्व के कोलाहल पर,
झूम-झूम कर मंद अनिल ने
गीत जहाँ मस्ती का गाया,

दाग़-पराग लगाकर तितली
जहाँ नहीं लज्जित होती है,
जहाँ पहुँचकर तन पुलकित,
मन हो उठते मधु-स्नात्, शिथिल से;
कहाँ, विमोहिनि, ले जाओगी
रिझा मुझे झंकृत पायल से ?

मिलन यामिनी93

वहाँ? जहाँ कवि के मानस का
मधुर स्वप्न साकार हुआ है,
जहाँ जवानी अजर हुई है
अमर जहाँ पर प्यार हुआ है,
    जहाँ समय के आघातों पर
    सुन्दरता हँसती रहती है,
    वहाँ? जहाँ पर स्वर्ग धरा के
    वैभव पर बलिहार हुआ है,

जहाँ कल्पना लेती रहती
होड़ गणित की सच्चाई से,
जहाँ पहुँचकर खुलता नाता
मानव का देवों के दल से;
    कहाँ, विमोहिनि, ले जाओगी
    रिझा मुझे झंकृत पायल से?

वहाँ? जहाँ मिट्टी के पुतलों
के पथ में चट्टान पड़ी है,
लेकर प्रश्न मरण-जीवन का
क़दम-क़दम पर नियति खड़ी है,
    जहाँ पराजय ही अंकित है
    मानव के सब संघर्षों पर,
    जहाँ विफलता के क्रंदन से
    घबराई प्रत्येक घड़ी है,

जहाँ उदर मानव का उसका
हृदय निगलने को तत्पर है,
जहाँ विश्व इतिहास लिखा है
खून-पसीने से, दृगजल से;
    कहाँ, विमोहिनि, ले जाओगी
    रिझा मुझे झंकृत पायल से?

मिलन यामिनी

29

अस्त हुआ दिन, मस्त समीरण,
मुक्त गगन के नीचे हम-तुम।

संध्या की श्यामल अलकों ने
घेर लिया अंबर का आनन,
अवनी की अलसित पलकों पर
तंद्रा तिरती आती क्षण-क्षण,
बंद हुए जग-नयन जिन्होंने
पर दूषण, पर दोष निहारा,
मौन हुई जग-जिह्वा करके
झूठा-सच्चा निंदन-वंदन,
आज़ादी की एक साँस से
सुरभित हुई प्रणय की वेला;
अब निर्भय, नि:शंक, निराकुल
मुग्ध गगन के नीचे हम-तुम।
अस्त हुआ दिन, मस्त समीरण,
मुक्त गगन के नीचे हम-तुम।

पिछले पहर दबे पाँवों से
आती है चाँदनी सहमती,
हवा लदी फूलों की बू से
चलती है पग-पग पर थमती,
आसमान पर पहरा देते
ऊँघ रहीं तारों की आँखें,
औ' धरती के कण-कण में है
मीठी-मीठी नींद बिलमती,
यही घड़ी है मन के ऊपर
जब कोई प्रतिबंध नहीं है;
अब अपने सपनों से लिपटे
मुक्त गगन के नीचे हम-तुम।

अस्त हुआ दिन, मस्त समीरण,
   मुक्त गगन के नीचे हम-तुम।

आकाशी कुसुमों-कलियों को
रवि किरणों की धार बहाती,
और उसी में रजनी अपने
मन की छाया-मूर्ति सिराती,

   बदला अजिर कलित क्रीड़ा का
   श्रम-संघर्षण-समरांगण   में,
   हाहाकार, कलह, क्रंदन की
   तुमुल प्रतिध्वनि बढ़ती जाती,

व्यक्ति विलीन दलों के दुर्मद
जद्दोजहद में, रद्दोबदल में;
अब दुनिया के कोलाहल में
लुप्त गगन के नीचे हम-तुम।

अस्त हुआ दिन, मस्त समीरण,
   मुक्त गगन के नीचे हम-तुम।

30

   सुधि में संचित वह साँझ कि जब
रतनारी प्यारी सारी में, तुम, प्राण, मिलीं नत, लाज-भरी
   मधुऋतु-मुकुलित गुलमुहर तले।

सिंदूर लुटाया था रवि ने,
संध्या ने स्वर्ण लुटाया था,
थे गाल गगन के लाल हुए,
धरती का दिल भर आया था,

मिलन यामिनी

लहराया   था   भरमाया-सा
डाली-डाली पर गंध पवन,
जब मैंने तुमको औ' तुमने
मुझको अनजाने पाया था;
है धन्य धरा जिस पर मन का
धन धोखे से मिल जाता है;
पल अचरज और अनिश्चय के
पलकों पर आते ही पिघले,

पर सुधि में संचित साँझ कि जब
रतनारी प्यारी सारी में, तुम, प्राण, मिलीं नत, लाज-भरी
मधुऋतु-मुकुलित गुलमुहर तले।

सायं-प्रात: का कंचन क्या
यदि अधरों का अंगार मिले,
तारक मणियों की संपति क्या
यदि बाँहों का गलहार मिलें,
            संसार मिले भी तो क्या जब
            अपना अंतर ही सूना हो,
            पाना क्या शेष रहे फिर जब
            मन को मन का उपहार मिले;

है धन्य प्रणय जिसको पाकर
मानव स्वर्गों को ठुकराता;
ऐसे पागलपन के अवसर
कब जीवन में दो बार मिलें,

है याद मुझे वह शाम कि जब
नीलम-सी नीली सारी में, तुम, प्राण, मिलीं उन्माद-भरी
खुलकर फूले गुलमुहर तले।
सुधि में संचित वह साँझ कि जब

रतनारी प्यारी सारी में, तुम, प्राण, मिलीं नत, लाज-भरी
मधुऋतु-मुकुलित गुलमुहर तले।

आभास विरह का आया था
मुझको मिलने की घड़ियों में,
आहों की आहट आई थी
मुझको हँसती फुलझड़ियों में,
        मानव के सुख में दुख ऐसे
        चुपचाप उतरकर आ जाता,
        है ओस ढुलक पड़ती जैसे
        मकरंदमयी पंखुरियों में;

है धन्य समय जिससे सपना
सच होता, सच सपना होता;
अंकित सबके अंतरपट पर
कुछ बीती बातें, दिन पिछले;

        कब भूल सका गोधूलि कि जब
सित-सेमल सादी सारी में, तुम, प्राण, मिलीं अवसाद-भरी
कलि-पुहुप झरे गुलमुहर तले।

        सुधि में संचित वह साँझ कि जब
रतनारी प्यारी सारी में, तुम, प्राण, मिलीं नत, लाज-भरी
मधुऋतु-मुकुलित गुलमुहर तले।

31

        तन त्रस्त कहीं, मन मस्त वहीं,
जिस ठौर लहरियाँ रागों की रस के मानस की गोदी में
चिर सुखमा का सावन गातीं।

यह सच है सबने देखा है
मुझको जग के कोलाहल में,
जिस जगह कि थिर अस्थिर होता,
अस्थिर थिर होता पल-पल में,
जिस जगह नहीं कुछ भी पाता
अपना संगी, अपना साथी,
हर एक लगा है, लिपटा है
अपनी धुन, अपनी हलचल में;

इस शोर-शरर के भीतर भी
मैं गीत कहाँ से पाता हूँ,
जो शांति बसी-बरसी मुझमें
वह जान कहाँ दुनिया पाती;

तन त्रस्त कहीं, मन मस्त वहीं,
जिस ठौर लहरियाँ रागों की रस के मानस की गोदी में
चिर सुखमा का सावन गातीं।

यह सच है सबने देखा है
मुझको मरु में आते-जाते,
तावे-सी जलती बालू पर,
तलवों को अपने झुलसाते,
अंधा करनेवाले अंधड़
में पथ अपना निश्चय करते,
चिनगारी-सी रेतों वाली
झंझा के झड़-झोंके खाते;
इन दाह भरे अभिशापों में
मैं प्रीति कहाँ से पाता हूँ,
मुझमें वरदान छलकते जो
वह देख कहाँ दुनिया पाती;

तन त्रस्त कहीं, मन मस्त वहीं,
जिस ठौर तरंगें रागों की रस की सरिता से उठ-उठकर
प्यासे कूलों को नहलातीं।

तन त्रस्त कहीं, मन मस्त वहीं,
जिस ठौर लहरियाँ रागों की रस के मानस की गोदी में
चिर सुखमा का सावन गातीं।

यह सच है सबने देखा है
मुझको बेड़ी-हथकड़ियों में,
जिन पर चलता कुछ ज़ोर नहीं
ऐसी लोहे की लड़ियों में,
            कुछ ज़ंजीरें जो लगती थीं
            ऊपर से सुरभित गजरों-सीं,
            लीं डाल गले अपने मैंने
            खुद बेहोशी की घड़ियों में;
इतने बंधन में घिर-घुटकर
किसकी सत्ता जीती, जगती,
नि:शंक निरंकुशता मेरी
पहचान कहाँ दुनिया पाती;

तन त्रस्त कहीं, मन मस्त वहीं
जिस ठौर कि मौजें रागों की रस के सागर से झूल-झपट
जीवन के तट पर टकरातीं।

तन त्रस्त कहीं, मन मस्त वहीं,
जिस ठौर लहरियाँ रागों की रस के मानस की गोदी में
चिर सुखमा का सावन गातीं।

मिलन यामिनी

मैं गाता हूँ;
मैं गाता हूँ इसलिए जवानी मेरी है ।

वे दुर्गम पथ का श्रम-संकट भी क्या जानें
जो उसपर पाँव बढ़ाते, गाते जाते हैं,
जिनके कंठों में गीत नहीं धीमे पड़ते
वे फूल सदृश पर्वत का बोझ उठाते हैं,
    मैंने दुख-सुख हर हालत में गाना जाना,
    मुझको जीवन का भार सदा शृंगार हुआ,
    वह कुचला करता है उनको ही रागों में
    अपने अनुभव को बाँध नहीं जो पाते हैं;
यौवन जिसका है तान वही भर सकता है
लेकिन मैं तो कुछ उलटी कर दिखलाता हूँ—

मैं गाता हूँ इसलिए जवानी मेरी है ।
मैं गाता हूँ;
मैं गाता हूँ इसलिए जवानी मेरी है ।

तुम मेरे पथ के बीच लिए काया भारी-
भरकम क्यों जमकर बैठ गए कुछ बोलो तो,
क्यों तुमको छूता है मेरा संगीत नहीं,
तुम बोल नहीं सकते तो झूमो, डोलो तो,
    रागों की रोकी जा सकती है राह नहीं,
    रोड़ो, हठधर्मी छोड़ो, मुझसे मन जोड़ो,

तुमसे भी मधुमय शब्द निकलकर गूँजेंगे,
तुम साथ ज़रा मेरी धारा के हो लो तो;
तुमने मुँह बाँधा, इससे ही तो पाँव बँधे,
मैं कंठ खुला ले आगे बढ़ता जाता हूँ—

मैं गाता हूँ इसलिए रवानी मेरी है।
मैं गाता हूँ;
मैं गाता हूँ इसलिए जवानी मेरी है।

कलियाँ मधुवन में गंध-गमक मुसकातीहैं,
मुझ पर जैसे जादू-सा छाया जाता है,
मैं तो केवल इतना ही सिखला सकता हूँ,
अपने मन को किस भाँति लुटाया जाता है;
लिखने दो अपनी दुर्बलताओं का गीत मुझे,
मैं जग के तौर-तरीकों से अनभिज्ञ नहीं,
दुनिया अक्सर मेरे कानों में कहती है,
इस कमज़ोरी को, मूढ़, छिपाया जाता है;

मैं किससे भेद छिपाऊँ, सब तो अपने हैं,
अपनी बीती में जगबीती मैं पाता हूँ—

मैं गाता हूँ, यह प्रेम कहानी मेरी है।
मैं गाता हूँ;
मैं गाता हूँ इसलिए जवानी मेरी है।

तुम पा न सकोगे मुझे विश्वविद्यालय में,
लेक्चर देनेवाले मुझ-से बहुतेरे हैं,
पहचानोगे क्या ख़ाकी वर्दी वालों में,
हर एक जगह पर इनके डीपो-डेरे हैं,
मैं क़लम और बंदूक चलाता हूँ दोनों,
दुनिया में ऐसे बंदे कम पाए जाते,
दावा न करूँगा ऐसों में यकताई का,
यद्यपि इन पर अधिकार स्वयं कुछ मेरे हैं;

औरों ने जो की भूल न तुम भी कर बैठो,
इसलिए तुम्हें यह पहले से बतलाता हूँ—

मिलन यामिनी

मैं गाता हूँ, यह ख़ास निशानी मेरी है।
मैं गाता हूँ;
मैं गाता हूँ इसलिए जवानी मेरी है।

33

जीवन की आपाधापी में कब वक़्त मिला
कुछ देर कहीं पर बैठ कभी यह सोच सकूँ,
जो किया, कहा, माना उसमें क्या बुरा-भला।

जिस दिन मेरी चेतना जागी मैंने देखा
मैं खड़ा हुआ हूँ इस दुनिया के मेले में,
हर एक यहाँ पर एक भुलावे में भूला,
हर एक लगा है अपनी-अपनी दे-ले में,
कुछ देर रहा हक्का-बक्का, भौचक्का-सा—
आ गया कहाँ, क्या करूँ यहाँ, जाऊँ किस जा?
फिर एक तरफ़ से आया ही तो धक्का-सा,
मैंने भी बहना शुरू किया उस रेले मे;

क्यों बाहर की रेला-पेली ही क्या कुछ कम थी,
क्या जो भीतर भी भावों का ऊहापोह मचा,
जो किया, उसी को करने की मजबूरी थी,
जो कहा, वही मन के अंदर से उबल चला;

जीवन की आपाधापी में कब वक़्त मिला
कुछ देर कहीं पर बैठ कभी यह सोच सकूँ,
जो किया, कहा, माना उसमें क्या बुरा-भला।

मेला जितना भड़कीला रंग-रंगीला था,
मानस के अंदर उतनी ही कमज़ोरी थी,

जितना ज्यादा संचित करने की ख्वाहिश थी,
उतनी ही छोटी अपने कर की झोरी थी,
        जितनी ही ठहरे रहने की थी अभिलाषा,
        उतने ही रेले तेज़ ढकेले जाते थे,
        क्रय-विक्रय तो ठंडे दिल से हो सकता है,
        यह तो भागा-भागी की छीना-जोरी थी;
अब मुझसे पूछा जाता है क्या बतलाऊँ,
क्या भान अकिंचन बिखराता पथ पर आया,
वह कौन रतन अनमोल मिला ऐसा मुझको,
जिस पर अपना मन-प्राण निछावर कर आया;

यह थी तक़दीरी बात मुझे गुण दोष न दो,
        जिसको समझा था सोना, वह मिट्टी निकली,
        जिसको समझा था आँसू, वह मोती निकला।

जीवन की आपाधापी में कब वक़्त मिला
        कुछ देर कहीं पर बैठ कभी यह सोच सकूँ,
                जो किया, कहा, माना उसमें क्या बुरा-भला।

मैं कितना ही भूलूँ, भटकूँ या भरमाऊँ,
है एक कहीं मंज़िल जो मुझे बुलाती है,
कितने ही मेरे पाँव पड़े ऊँचे-नीचे,
प्रतिपल वह मेरे पास चली ही आती है,
        मुझ पर विधि का एहसान बहुत-सी बातों का
        पर मैं कृतज्ञ उसका इस पर सबसे ज्यादा—
        नभ ओले बरसाए, धरती शोले उगले,
        अनवरत समय की चक्की चलती जाती है;
मैं जहाँ खड़ा था कल उस थल पर आज नहीं,
कल इसी जगह फिर पाना मुझको मुश्किल है;
ले मापदंड जिसको परिवर्तित कर देतीं
केवल छूकर ही देश-काल की सीमाएँ,

मिलन यामिनी

जग दे मुझ पर फ़ैसला उसे जैसा भाए
    लेकिन मैं तो बेरोक सफ़र में जीवन के
        इस एक और पहलू से होकर निकल चला।

जीवन की आपाधापी में कब वक़्त मिला
    कुछ देर कहीं पर बैठ कभी यह सोच सकूँ,
        जो किया, कहा, माना उसमें क्या बुरा-भला।

उत्तर भाग

1

कुदिन लगा, सरोजिनी सजा न सर,
सुदिन भगा, न कंज पर ठहर भ्रमर,
अनय जगा, न रस विमुग्ध कर अधर,
—सदैव स्नेह के लिए विकल हृदय!

कटक चला, निकुंज में हवा न चल,
नगर हिला, न फूल-फूल पर मचल,
ग़दर हुआ, सुरभि समीर से न रल,
—सदैव मस्त चाल से चला प्रणय!

समर छिड़ा, न आज बोल, कोकिला,
क़हत पड़ा, न कंठ खोल, कोकिला,
प्रलय खड़ा, न कर ठठोल कोकिला,
—सदैव प्रीति—गीत के लिए समय!

2

सुवर्ण मेघ युक्त पच्छिमी गगन,
विषाद से विमुक्त पच्छिमी गगन,
प्रसाद से प्रबुद्ध पच्छिमी हवा,
धरा सजग अतीत को बिसार फिर !

न ग्रीष्म के उसाँस का पता कहीं,
न अश्रुसिक्त वृक्ष औ' लता कहीं,
न प्राणहीन हो कहीं थमी हवा,
निशा रही स्वरूप को सँवार फिर !

मयंक-रश्मि पूर्व से लहक रही,
असुप्त नीड़-वासिनी चहक रही,
शरद प्रफुल्ल मल्लिका महक रही,
दहक रहा बुझा हुआ अंगार फिर !

मिलन यामिनी

3

निशा, मगर बिना, निशा सिंगार के,
नखत थकित अचंद्र नभ निहार के,
क्षितिज-परिधि निराश, कालिमामयी,
परंतु आसमान इंतज़ार में!

घड़ी हरेक वर्ष-सी बड़ी हुई,
निशा पहाड़ की तरह खड़ी हुई,
नछत्र-माल चाल भूल-सी गई,
परंतु कब थकान इंतज़ार में!

प्रभात-भाल-चंद्र पूर्व में उगा,
प्रभात-बालचंद्र पूर्व में उगा,
प्रभात-लालचंद्र पूर्व में उगा,
परंतु सुख महान इंतज़ार में!

4

दिवस गया विवश थका हुआ शिथिल,
तिमिरमयी हुई बसुंधरा निखिल,
ज़मीन-आसमान में दीये जले,
मगर जगत हुआ नहीं प्रकाशमय!

सभी तरफ़ विभा बिखर गई तरुण,
कलित-ललित हुआ, सभी कलुष-करुण,
किसी समय बुझे हुए हिये जले,
किन्हीं नयन प्रदीप में जगा प्रणय!

चढ़ा मुँडेर मुर्ग़ सिर उठा रहा,
पुकार बार-बार यह बता रहा,
सुभग, सजग, सजीव प्रात आ रहा;
नई नज़र, नई लहर, नया समय!

मिलन यामिनी

5

शिशिर समीर वन झकोर कर गया,
सिंगार वृक्ष-वेलि का किधर गया,
ज़मीन पीत पत्र-पुंज से भरी;
प्रकृति खड़ी हुई, ठगी हुई, अचिंत!

उठी पुकार एक शांति भंग कर,
उठा गगन सिहर, उठी अवनि सिहर,
'बिसार दो विषाद की गई घड़ी;'
प्रकृति खड़ी हुई, जगी हुई, भ्रमित!

शिशिर समीर बन गया मलय पवन,
नवीन गीत-प्राण से गुँजा गगन,
नवीन रक्त-राग से रँजी अवनि,
प्रकृति खड़ी सुरस पगी, सुअंकुरित!

6

प्रहार शीत वात का हुआ निठुर,
विकास पत्र-पुष्प का रुका ठिठुर,
प्रकृति विकारवान, पीलिमामयी,
डरी हुई ज़मीन थरथरा उठी!

सवेग स्वर्ग लोक से हवा चली,
हिली-डुली वनस्थली शिशिर-छली,
प्रकृति सजीवनी अमर विभामयी,
हरी हुई जमीन हरहरा उठी!

नयन भरे हुए नवल सिंगार से,
श्रवण भरे हुए प्रणय पुकार से,
हृदय भरे हुए मधुर विचार से,
भरी हुई ज़मीन मुसकरा उठी!

मिलन यामिनी

अपत्र डाल-डाल है खड़ी हुई,
वसन-विहीन, लाज में गड़ी हुई,
लुटा हुआ सिंगार सौ बसंत का,
छली हुई विभूति से वनस्थली!

अगण्य स्वप्न झड़ गए पलक-पले,
अगण्य भाव घाव चिह्न दे चले,
उसाँस इस तरह चला दिगन्त का—
कि जड़ समेत कल्पना लता जली!

अजान शक्ति जीवनी सदा रही—
जली हुई लता सहास लहलही,
सजीव फिर हुई मरी हुई मही,
भरी हुई पराग-पुष्प अंजली!

8

दिनानुदिन जली धरा, जला गगन,
दिनानुदिन जला सलिल, जला पवन,
कहाँ तपन जिसे न छाँह घेरती,
कहाँ घड़ी निदाघ की अटल हुई!

तमाम ओर से घिरी घटा सघन,
अधीर हो उठी तपी-तची अवनि,
नियति न क्यों सवेग भाग्य फेरती,
कहाँ न प्यार की घड़ी विकल हुई!

तमाम रात भूमि पर पड़ी फुही,
सहस्त्र बिंदु माल से जड़ी जुही,
सुरभि सनी, सरस बनी खड़ी मही,
वियोग की जलन कहाँ विफल हुई!

मिलन यामिनी

9

बसंत-दूत कुंज-कुंज कूकता,
बसंत-राग कुंज-कुंज फूँकता,
पराग से सजी सुहाग मंजरी;
बसंत गोद में लसी प्रकृति परी!

प्रणय संदेश कुँज-कुँज गूँजता,
प्रणय स्वरूप को सदैव पूजता,
कहाँ स्वरूपिनी न स्नेह पर ढरी;
बसंत गोद में झुकी प्रकृति परी!

बसंत-दूत मुग्ध मूक हो गया,
बसंत-वात गंध-मंद सो गया,
हुई सफल-विनम्र आम्र मंजरी;
बसंत गोद में गड़ी प्रकृति परी!

10

विदग्ध भूमि व्योम को निहारती,
पिपासु कंठ मेघ को पुकारती,
भरा पयोद शुष्क भूमि हेरता;
कहाँ छिपी मिलन घड़ी, लगे झड़ी!

बयार घन शुभागमन बता रही,
तड़ित गगन–अधीरता जता रही,
विनम्र अभ्र भू समग्र घेरता;
निकट हुई, मिलन घड़ी, लगे झड़ी!

भरा पयोद भूमि पर गया बिखर,
नहा निखिल दिगंबरा उठी निखर,
मिले सिंगार और स्नेह देह धर;
अमर हुई मिलन घड़ी, लगी झड़ी!

मिलन यामिनी

11

अनेक रंग से रंगा हुआ गगन,
अनेक रंग से रँगी हुई अवनि,
अनेक भाव से पगी हुई हवा;
सजी-बजी गुलाब-गर्व पंखुरी!

अनेक दीप से दमक रहा गगन,
अनेक दीप से दुपक रही अवनि,
अनेक भाव से जगी हुई हवा;
डरी खड़ी गुलाब-गर्व पंखुरी!

बुझे हुए प्रदीप आसमान के,
बुझे हुए प्रदीप सब जहान के,
क़सूरवार-सी ठगी हुई हवा;
झड़ी पड़ी गुलाब-गर्व पंखुरी!

12

समेट ली किरण कठिन दिनेश ने,
समा बदल दिया तिमिर-प्रवेश ने,
सिंगार कर लिया गगन प्रदेश ने;
नटी निशीथ का पुलक उठा हिया!

समीर कह चला कि प्यार का प्रहर,
मिली भुजा-भुजा, मिले अधर-अधर,
प्रणय प्रसून सेज पर गया बिखर
निशा सभीत ने कहा कि क्या किया!

अशंक शुक्र पूर्व में उगा हुआ,
क्षितिज अरुण प्रकाश से छुआ हुआ,
समीर है कि सृष्टिकार की दुआ;
निशा विनीत ने कहा कि शुक्रिया!

13

दिवस नयन मुँदे, जगी विभावरी,
जगी ललाम लक्ष दीप की लड़ी,
युगल प्रदीप कौन से नहीं जले
कि आसमान के सिंगार में कसर!

ललाम लक्ष दीप मंद पड़ गए,
सिंगार सौ-हज़ार के उजड़ गए,
स्नेह नेत्र दीप दीर्घ झलमले,
सुभाग चंद्र से उठा गगन सँवर!

निशा चुकी, गगन पटल बदल रहा,
विनीत पीत चंद्र मंद ढल रहा,
तुषार में नखत-निकाय गल रहा;
जड़ा सुहाग-बिंदु पूर्व भाल पर!

सिंदूर-सी किरण सुवर्ण थाल में,
सुहाग लिख चली निशीथ भाल में,
हुई प्रसन्न भूमि साँझ-श्यामला;
क्षितिज लकीर मंद मुसकरा उठी!

कलानिधान रश्मियान पर चढ़े,
प्रदीपवान आसमान पर बढ़े,
हुई समुद्र की तरंग चंचला;
धरा समग्र दूध से नहा उठी!

उषा-अरुण-वसन सजी वसुंधरा—
सदल, सफल, सुफुल्ल फूल उर्वरा—
चला समीर वृक्ष, वेलि, तृण हिला;
विहंग-पाँत साथ चहचहा उठी!

15

समीर स्नेह-रागिनी सुना गया,
तड़ाग में उफान-सा उठा गया,
तरंग में तरंग लीन हो गई;
झुकी निशा, झँपी दिशा, झुके नयन !

बयार सो गई अडोल डाल पर,
शिथिल हुआ सलिल सुनील ताल पर,
प्रकृति सुरम्य स्वप्न बीच खो गई;
गई कसक, गिरी पलक, मुँदे नयन !

विहंग प्रात गीत गा उठा अभय,
उड़ा अलक चला ललक पवन मलय,
सुहाग नेत्र चूमने चला प्रणय;
खुला गगन, खिले सुमन, खुले नयन !

16

सिंगारहार की सुगंधि आ रही,
सुवास में सुहासिनी नहा रही,
सुखी प्रकृति विलोक सिद्ध साधना;
विहँस-विहँस खिले कुसुम, खिले कुसुम!

असंख्य दीप स्वर्ग सौध में जले,
असंख्य बार प्यार से अधर मिले,
हुई असंख्य रूप एक भावना;
पुलक-पुलक हिले कुसुम, हिले कुसुम!

प्रकाशमान आसमान हो चला,
हुई शिथिल निशीथ-स्वप्न-शृंखला,
तुषार विंदु पत्र-पुष्प से ढला;
सिहर-सिहर झड़े कुसुम, झड़े कुसुम!

मिलन यामिनी

17

हुई गुलाल मेघमाल अस्त जब,
विहंग वृक्ष में छिपे समस्त जब,
हुआ अशब्द और स्तब्ध जब गगन,
मुखर चरण ध्वनित हुए झनन-झनन!

गगन खड़ा हुआ विशाल ताल में,
गगन सुबद्ध भूमि अंकमाल में,
चटुल युगल तरंग में मगन-मगन,
सुवर्ण किंकिणी बजी छनन-छनन!

अभी तलक अटूट नींद रात की,
खुली अभी नहीं पलक प्रभात की,
प्रसुप्त गुप्त नीड़ में मलय पवन,
खनक उठे कनक वलय खनन-खनन!

18

किरण छिपी तड़ाग-अंतराल में,
सिमट गई सरोजिनी मृणाल में,
अगीत हो गया सभीत भृंग दल;
प्रणय सजग हुआ, हृदय हुए विकल!

कुसुम-कली सुगंध सेज पर सजी,
मधुर-मधुर सुवर्ण पैंजनी बजी,
पुलक प्रफुल्ल आज कामना सकल;
प्रणय सफल हुआ, हृदय मिले पिघल!

किरण खिली, विहँस पड़ी मृणालिनी,
ध्वनित हुई विमुक्त भृंग रागिनी,
हिली सकुच विलास-बाहु-वासिनी;
सटे अधर हटे, हुए नयन सजल!

अधीर है समीर अंतरिक्ष में,
भरा पुलक लता, वितान, वृक्ष में,
उठी हरेक अंग बीच गुदगुदी,
उमंग की तरंग सी उमड़ चली!

कसी हुई तड़ित पयोद-पाश में,
हुआ सँयोग वासना-विलास में,
प्रमत्त, स्वप्न-मग्न आँख अधमुँदी,
प्रणय-घटा हृदय-गगन घुमड़ चली!

बरस पड़े विवश जलद ज़मीन पर,
गमक उठी सुगंधि भूमि से उभर,
सरस रसा-दिशा, सजल नयन-अधर,
द्रवित निशा प्रभात की शरण चली!

20

सहस्र नेत्र खोलकर खड़ा गगन,
सलज्ज-संकुचित पड़ी हुई अवनि,
किसी प्रबल प्रणय पिपासु की लगन
कि शर्वरी प्रगति बिसार कर खड़ी!

सुछवि निमेष छोड़ नेत्र पी रहे,
अमर हुए, कि मर चुके, कि जी रहे—
कहाँ ज़बान प्रेम की कथा कहे,
करे बयान स्नेह की सुघर घड़ी!

प्रमत्त भावना न बात से बँधी,
प्रभात की किरण न रात से बँधी,
प्रणय निशा न अश्रु-पात से बँधी,
सहस्र नेत्र से लगी हुई झड़ी!

मिलन यामिनी

21

नखत समूह आसमान पर चढ़ा,
सघन तिमिर ज़मीन की तरफ़ बढ़ा,
विहंग पंक्ति वृक्ष-नीड़ को चली,
अबाध बाहुपाश को विलासिनी!

नखत समूह की पलक झुकी हुई,
हवा किसी विचार में रुकी हुई,
निशीथ, मूर्ति अंधकार की ढली,
अचेत बाहुपाश बीच कामिनी!

उषा किरण-क़तार को सँभालती,
हवा सुगंध-भार को सँभालती,
धरा नवल प्रसून-दल, कलित कली,
चली सँभाल अंग हंस गामिनी!

22

तरणि छिपा कि आँधियाँ झपट पड़ीं,
प्रकंपमान भूमि से लिपट पड़ीं,
सहस्र बार वज्र अस्त्र कड़कड़ा
घिरे घुमड़ सघन भयद पयोद भी!

हुई प्रलय प्रहार से निशा दुखी,
उपाधि-व्याधि से दिशा-दिशा दुखी,
परंतु अंबरान्त मुसकरा पड़ा,
कहीं मिटा प्रभात का प्रमोद भी!

प्रकृति पुन: किरण-सुहाग माँगती,
सुरभि-पराग-अंगरागा   माँगती,
प्रसून-सा प्रसन्न भाग माँगती,
कलोल से गुँजायमान गोद भी!

23

नवीन राग में रमे नवीन घन,
निरत निनाद-नृत्य में तड़ित चरण,
अजस्र मर्मरित लतर-द्रुमावली,
प्रमुख पुकार प्यास की समीर में !

गरज गए जलद हुआ न मन विकल,
चमक गई तड़ित सका हृदय न गल,
द्रवित न कर सकी सिहर द्रुमावली,
लगा न तीर पीर का शरीर में !

विलीन हो गए कभी जलद सघन,
अदृश्य हो गए कभी तड़ित चरण,
अतृप्ति ही किए रहा प्रणय वरण,
पुकार ही बची रही अख़ीर में !

24

पुकारता पपीहरा पि...आ, पि...आ,
प्रतिध्वनित निनाद से हिया-हिया;
हरेक प्यार की पुकार में असर,
कहाँ उठी, कहाँ सुनी गई मगर!

घटा अखंड आसमान में घिरी,
लगी हुई अखंड भूमि पर झरी,
नहा रहा पपीहरा सिहर-सिहर;
अधर-सुधा निमग्न हो रहे अधर!

सुनील मेघहीन हो गया गगन,
बसुंधरा पड़ी पहन हरित बसन,
पपीहरा लगा रहा वही रटन;
प्रणय तृषा अतृप्त सर्वदा, अमर!

25

विहंग माल डाल पर उतर पड़ी,
निशा धरा विशाल पर उतर पड़ी,
प्रकाशमान स्नेह का निलय हुआ,
प्रदीप लौ जहाँ-जहाँ हुई खड़ी!

प्रगाढ़ अंधकार में धँसी धरा,
प्रलंब बाहुपाश में फँसी धरा,
प्रमत्त नींद में प्रदीप लय हुआ,
प्रफुल्ल स्वप्न से ललक पलक जुड़ी!

विहंग भीड़ नीड़ से निकल पड़ी,
उषा क्षितिज लकीर से निकल पड़ी,
सुगंधि नव समीर से निकल पड़ी;
तुषार बिंदु भूमि सेज पर झड़ी!

बिखर हुई विलुप्त अभ्र अर्गला,
सुधा समुद्र चाँद से उमड़ चला,
निचोल खोल रूप राशि है पड़ी;
चकित गगन,   चकित   नयन,
चकित गगन !

अभय हिलोर में विभोर है निशा,
अतुल हुलास-हर्षमय दिशा-दिशा,
अलस प्रमाद में जड़ित हुई घड़ी;
थकित गगन,   थकित   नयन,
थकित गगन !

प्रभात में निमज्जिता हुई निशा,
प्रकाश में निरीह-सी दिशा-दिशा,
चली सवेग टूट स्वप्न की लड़ी।
स्रवित गगन,   स्रवित   नयन,
स्रवित गगन !

पहन चुका गगन नखत-खचित वसन,
पहन चुकी अवनि तमस-असित वसन,
असंख्य स्वप्न से लदे हृदय-नयन,
स्वभाव से भरी हुई विभावरी !

हरेक ठौर देव मूर्ति है खड़ी,
हरेक ठौर प्रभा परी उतर पड़ी,
सदेह स्वप्न से ठगे हृदय-नयन,
प्रभाव से भरी हुई विभावरी !

उतारता गगन नखत-जटित वसन,
उतारती अवनि तमस-रचित वसन,
गगन चकित-नयन, धरा चकित-नयन,
अभाव से भरी हुई विभावरी !

28

बसंत का पवन कि श्वास प्यार का,
बसंत नाम दूसरा सिंगार का,
गिरा स्वरूप धार कंठ खोलती,
कि बोलतीं बसंत की नवेलियाँ!

बसंत में अचेत ही प्रणय रहा,
बसंत में उजाड़ ही हृदय रहा,
गिरा न मुक्त कंठ गीत गा सकी,
चहक चुकीं बसंत की सहेलियाँ!

बसंत से निराश किसलिए गगन ?
बसंत से निराश किसलिए अवनि ?
निराश किसलिए शरीर-प्राण-मन ?
बुझा न सत्य स्वप्न की पहेलियाँ!

29

पलाश पर दुलार, लो, उतर पड़ा,
पलाश पर सिंगार, लो, उतर पड़ा,
पलाश पर अँगार, लो, उतर पड़ा;
स्वरूप-स्नेह के समीप आग है।

मगर न रूप से कभी हृदय डरा,
मगर न स्नेह से कभी हृदय भरा,
उतर सका सुवर्ण की तरह खरा,
स्वरूप-स्नेह का जला अदाग है।

पलाश से दुलार, लो, गया उतर,
पलाश का सिंगार, लो, गया बिखर,
परंतु एक भाव हो गया अमर;
स्वरूप-स्नेह का अनंत राग है!

30

कि वह कभी न स्वर्ग में समा सका,
कि वह न पाँव नर्क में जमा सका,
कि वह न भूमि से हृदय रमा सका,
यही मनुष्य का अमर चरित्र है !

मनुष्य विश्व प्रेम में पगा हुआ,
मनुष्य आत्म-युद्ध में लगा हुआ,
हरेक प्रण-प्रयास में ठगा हुआ,
मनुष्य हर स्वरूप में पवित्र है !

अपूर्ण को न पूर्ण कर सका कभी,
अभाव के न घाव भर सका कभी,
हज़ार हार से न डर सका कभी,
मनुष्य की मनुष्यता विचित्र है !

मिलन यामिनी

सुना कि एक स्वर्ग शोधता रहा,
सुना कि एक स्वप्न खोजता रहा,
सुना कि एक लोक भोगता रहा,
मुझे हरेक शक्ति का प्रमाण है!

सुना कि सत्य से न भक्ति हो सकी,
सुना कि स्वप्न से न मुक्ति हो सकी,
सुना कि भोग से न तृप्ति हो सकी,
विफल मनुष्य सब तरफ़ समान है!

विराग-मग्न हो कि राग-रत रहे,
विलीन कल्पना कि सत्य में दहे;
धुरीण पुण्य का कि पाप में बहे
मुझे मनुष्य सब जगह महान है।

कहीं अनादि का पता लगा रहा,
कहीं अनंत का अलख जगा रहा,
कहीं थहा रहा अगम्य सिंधु को,
कहीं समृद्ध सिद्ध औ' तपोधनी!

कहीं उठा रहा पहाड़ शीश पर,
कहीं प्रबल प्रवाह रोकता निडर,
कहीं बुला रहा समीप इन्दु को,
कहीं प्रसिद्ध जन समाज अग्रणी!

कहीं किरण-वितान के तले खड़ा,
कहीं तुषार-बिंदु की तरह जड़ा,
कहीं निकुंज में पराग-सा झड़ा,
कहीं असिद्ध रूप-राग का ऋणी!

33

उसे न विश्व की विभूतियाँ दिखीं,
उसे मनुष्य की न खूबियाँ दिखीं,
मिलीं हृदय-रहस्य की न झाँकियाँ,
सका न खेल जो कि प्राण का जुआ !

सजीव है गगन किरण-पुलक भरा,
सजीव गंध से बसी बसुंधरा,
पवन अभय लिए प्रणय कहानियाँ,
डरा-मरा न स्नेह ने जिसे छुआ !

गगन घृणित अगर न गीत गूँजता,
अवनि घृणित अगर न फूल फूलता,
हृदय घृणित अगर न स्वप्न-झूलता,
जहाँ बहा न रस वहीं नरक हुआ !

बच्चन की रचनाएँ (प्रकाशन-क्रम में)

1. तेरा हार (काव्य), 1932
2. बच्चन के साथ क्षण भर (चयन), 1935
3. मधुशाला (काव्य), 1935
4. ख़ैयाम की मधुशाला (अनुवाद), 1935
5. मधुबाला (काव्य), 1936
6. मधुकलश (काव्य), 1937
7. निशा निमन्त्रण (काव्य), 1938
8. एकान्त संगीत (काव्य), 1939
9. आकुल अंतर (काव्य), 1943
10. प्रारम्भिक रचनाएँ—पहला भाग (कविताएँ), 1943
11. प्रारम्भिक रचनाएँ—दूसरा भाग (कविताएँ), 1943
12. सतरंगिनी (काव्य), 1945
13. हलाहल (काव्य), 1946
14. बंगाल का काल (काव्य), 1946
15. प्रारम्भिक रचनाएँ—तीसरा भाग (कहानियाँ), 1946
16. खादी के फूल (काव्य), 1948
17. सूत की माला (काव्य), 1948
18. मिलन यामिनी (काव्य), 1950
19. सोपान (संकलन), 1953
20. प्रणय पत्रिका (काव्य), 1955
21. धार के इधर-उधर (काव्य), 1957
22. मैकबेथ (अनुवाद), 1957
23. आरती और अँगारे (काव्य), 1958
24. बुद्ध और नाचघर (काव्य), 1958
25. जनगीता (अनुवाद), 1958
26. ओथेलो (अनुवाद), 1959
27. उमर ख़ैयाम का रुबाइयाँ (अनुवाद—पाकेट बुक), 1959
28. कवियों में सौम्य सन्त (सन्त-काव्य समीक्षा), 1960
29. आज के लोकप्रिय हिन्दी कवि : सुमित्रानन्दन पन्त (बच्चन सम्पादित), 1960
30. आज के लोकप्रिय हिन्दी कवि : बच्चन (संक. : चन्द्रगुप्त विद्यालंकार), 1960
31. त्रिभंगिमा (काव्य), 1961
32. आधुनिक कवि (7) (संकलन), 1961
33. नेहरू : राजनैतिक जीवनचरित (अनुवाद), 1961
34. चार ख़ेमे चौंसठ खूँटे (काव्य), 1962
35. नए-पुराने झरोखे (निबन्ध), 1962

36. अभिनव सोपान (संकलन), 1964
37. चौंसठ रूसी कविताएँ (अनुवाद), 1964
38. दो चट्टानें (काव्य), 1965
39. डब्ल्यू. बी. ईट्स ऐंड अकल्टिज़्म (अंग्रेज़ी शोध प्रबन्ध), 1965
40. मरकत द्वीप का स्वर (अनुवाद), 1965
41. नागर गीता (अनुवाद), 1966
42. बहुत दिन बीते (काव्य), 1967
43. बच्चन के लोकप्रिय गीत (संकलन—पाकेट बुक), 1967
44. कटती प्रतिमाओं की आवाज़ (काव्य), 1968
45. क्या भूलूँ क्या याद करूँ (आत्मकथा-1), 1969
46. उभरते प्रतिमानों के रूप (काव्य), 1969
47. हेमलेट (अनुवाद), 1969
48. कवि श्री (संकलन—डॉ. दुर्गाप्रसाद झाला सम्पादित), 1969
49. नीड़ का निर्माण फिर (आत्मकथा-2), 1970
50. भाषा अपनी भाव पराए (अनूदित कविताएँ), 1970
51. बच्चन पत्रों में (सं. डॉ. जीवनप्रकाश जोशी), 1970
52. पन्त के दो सौ पत्र (बच्चन सम्पादित), 1970
53. प्रवास की डायरी, 1971
54. पन्त के दो सौ पत्र (बच्चन सम्पादित), 1971
55. किंग लियर (अनुवाद), 1972
56. बच्चन के पत्र (सम्पादक—निरंकार देव सेवक), 1972
57. जाल समेटा (काव्य), 1973
58. टूटी-छूटी कड़ियाँ (काव्य), 1973
59. बसेरे से दूर (आत्मकथा-3), 1977
60. '76-'66 की प्रतिनिधि श्रेष्ठ कविताएँ (सम्पादित), 1978
61. '78-'79 की प्रतिनिधि श्रेष्ठ कविताएँ (सम्पादित), 1981
62. मेरी कविताई की आधी सदी (संकलन), 1981
63. सोऽहं हंस : (संकलन हंस-प्रतीकी कविताओं का), 1981
64. आठवें दशक की प्रतिनिधि श्रेष्ठ कविताएँ (संकलन), 1982
65. बच्चन रचनावली (9 खंडों में), 1983
66. मेरी श्रेष्ठ कविताएँ (संकलन), 1984
67. बच्चन के विशिष्ट पत्र (सम्पादक—डॉ. चन्द्रदेव सिंह), 1984
68. पाती फिर आई (सम्पादक—डॉ. जीवनप्रकाश जोशी), 1984
69. राजेन्द्र प्रसाद—आत्मकथाकार के रूप में (व्याख्या), 1985
70. मधुशाला (स्वर्ण जयन्ती संस्करण), 1985
71. 'दशद्वार' से 'सोपान' तक (स्मृति-यात्रा '55 से '83 तक), 1985
72. नई से नई—पुरानी से पुरानी (काव्य), 1985

www.ingramcontent.com/pod-product-compliance
Lightning Source LLC
LaVergne TN
LVHW010341200726
843507LV00010B/1600
9788170288091